献给我的母亲艾琳·帕里西-伊佐（Irene Parisi-Izzo），她教会了我活出自己比谋生更重要；也要献给第一个向我灌输目标的人——罗伯特·凯利（Robert Kelley）博士。

——约翰·伊佐博士

在我的记忆中，我的父亲总是鼓励我持续地探索，要从容易走的、熟悉的路转到小路、偏僻的路、迂回的路。父亲，我一直坚持沿着您描绘的路走。

——杰夫·范德瓦伦博士

本书有力地支持了众多学术研究所揭示的观点：目标导向型公司的确表现得更好、更持久，也更能满足它们所服务的客户的期望和心愿。这本书揭示了为什么公司的经营目标需要从高层启动，以及如何将其嵌入组织的每一个角落。

——保罗·波尔曼（Paul Polman）
联合利华首席执行官

约翰·伊佐博士是一位世界领先的商业作家，他的最新作品《目标变革》给我们分享了一堂无价之课——如何围绕共同的目标构建组织文化。

——达伦·恩特威斯尔（Darren Entwistle）
TELUS总裁兼首席执行官

这本书举出了令人信服的例子，揭示了人们如何通过选择企业及采购合作方完成自我实现。书中列举了许多有用的工具以帮助您定义、更新和找到职场目标。

——乔伊·伯格斯坦（Joey Bergstein）
七世代首席执行官

《目标变革》既是一份富有说服力的宣言，又是一份富有实践性的操作指南。作者首先提出了颇具吸引力且令人信服的依据，证明目标非常重要；然后讲述了一些引人入胜的故事，故事中了解目标的重要性并将其视为核心问题的人或者组织实现了繁荣发展。约翰和杰夫还提供了每一个具体步骤，使您和您的组织能够立即采取行动，指导审核、制作、沟通环节，并致力于打造一个可靠的、鼓舞人心的且可延伸的目标。这就是《目标变革》。

——吉姆·库泽斯（Jim Kouzes）
《领导力》（*The Leadership Challenge*）合著者
圣克拉拉大学利维商学院执行研究员

目标驱动的业务是克服我们所面临的最大的社会挑战的有力武器，并能推动业务发展。这本书提供了一种在组织中嵌入目标的现实可用的方法，这种方法能一直贯穿在整体业务进程中。

——琼·斯威尼（Jean Sweeney）
3M公司首席可持续发展官

《目标变革》为获得更高水平的员工敬业度和竞争优势提供了宏大的蓝图，这本书的深刻见解令人惊讶。

——马歇尔·戈德史密斯（Marshall Goldsmith）
《纽约时报》榜首畅销书《习惯力》
（*What Got You Here Won't Get You There*）作者

在这本书中，伊佐博士提供了一个成功的框架，该框架基于扎实的研究和领导者数十年积累的智慧。

——杰夫·斯玛特（Geoff Smart）
ghSMART创始人兼总裁，《聘谁》（*Who*）、《全功率团队》
（*Power Score*）作者

这本充满能量和实践性的书不但揭示了您的雇员和客户的期望是什么，还展示了如何在商业活动中有力地实现目标。对于任何一个想在当前这个讲求社会公益的时代取得成功的人而言，这是一本必读的书。

——科安·斯科兹尼亚尔兹（KoAnn Skrzyniarz）
Sustainable Life Media 创始人兼首席执行官

目标和方法是领导的核心关键点。这是一本关于通过目标的力量来提升领导力的书，如果您今年只有时间读一本书，它会是您的选择。

——理查德·莱德（Richard Leider）
全球畅销书《目的的力量》（*The Power of Purpose*）作者

加拿大航空在全球化扩张的进程中，业绩增长率一度停滞不前，还面临劳动力多年龄层的挑战。约翰围绕目标价值的富有洞察力的发现，在各个层面上都与我们产生了共鸣，无论当下还是未来都将使我们的企业文化变得更主动。

——阿里尔·梅洛 – 韦克斯勒（Arielle Meloul-Wechsler）
加拿大航空人事与文化高级副总裁

公司需要有一个"灵魂"——一个比赚取利润更高的意图和目标，约翰·伊佐是这个观点较早的推崇者。在这本书中，伊佐和范德瓦伦为商业领袖提供了强大的商业和道德案例，这些案例聚焦于他们的公司为什么而存在、能为社会做什么。这本书向您揭示了定义并实践公司的目标如何让您的生意更成功，如何让您的员工更敬业，如何让您自己的工作更有意义。

——安德鲁·温斯顿（Andrew Winston）
《大转变》（*The Big Pivot*）作者，《从绿到金》
（*Green to Gold*）合著者

前言

本书适合所有领导者、人力资源专家、咨询顾问以及需要提升员工敬业度和客户忠诚度的市场专业人士。如果您为营利性公司工作，那么本书会教您如何获得员工和客户的最大忠诚度；如果您在非营利性组织或政府部门工作，那么本书将教您如何利用目标来完成您的任务。

本书描述了一场变革，这场变革关系到我们对工作、采购、投资的预期收获；它还提供了一幅实用的蓝图，通过在您的领导层和组织中植入目标来创造显著的竞争优势。首席执行官和企业主可以用本书来确定组织的方向以及塑造企业文化；各层级领导者甚至基层经理都会发现这是一本实用的指南，可以让员工和客户围绕目标工作，同时使他们在自己的工作中找到更多的意义。

1994年，约翰·伊佐与他人共同完成了《唤醒企业灵魂：在工作中释放员工能量的四种途径》(*Awakening Corporate Soul: Four Paths to Unleash the Power of People at Work*) 一书。在该书中，他提出了这样的观点：那些有着远大目标和社会责任感的公司最终会比仅仅追逐利润的传统公司要更加成功。这个观点看起来更像是一种抱负、一种企业如何发展的愿景。因为在当时看来，只有极少数公司将社会责任或目标视为企业获得成功的主要途径。

虽然感觉像是道德的制高点导致了领先，但是在接下来的20年里，这种趋势仍在强化，尽管很缓慢。许多公司对在它们的待办事项列表中添加"做好事"和"目标"很感兴趣，但在大多数企业中，这一般不是重要的优先事项。在今天，这种情况正在快速改变。

近年来，一场悄无声息的变革正在全球范围内酝酿，横跨不同的地域、世代和部门。员工、客户以及投资者对商业活动的期望正在发生巨变。不仅是为了一张薪酬支票，员工更希望获得一份与众不同的、有意义的工作；客户希望他们的消费能够减少对社会和地球的伤害，如果可能的话他们想让社会和地球能够受益；投资者也渐渐意识到做好事本身就是很好的生意。

当然，他们仍然期望获得他们一直想要的东西：员工希望获取高薪和职业晋升通道；客户希望获得高质量、创新、高价值的商品；投资者希望取得投资回报。这场变革是关于这些期望如何"全部实现"而不是"只能选择一种"。我们想要的是全部：我们希望我们的工作、我们的消费、我们的投资能够让世界变得更好。我们将其称为对意义的渴望和对做好事的渴望。

当我们开始写作本书的时候，一位沉浸在新的目标变革中的同事对我们说："这听起来就像五年前写的书一样！"他的观点是，大多数商业领袖都意识到了人们越来越关注目标，因此本书存在让人误以为是老生常谈的危险。在某种程度上，这是事实。当我们周游世界、与大公司合作、参加商界领袖的聚会时，"目标""可持续性""社会福利"

等现在已成为商界表达的共同观点。大多数大企业都有一个官方网站，告诉您它在世界上做了多少好事，并宣扬它的宗旨，以使客户和员工感到与众不同。那这本书为什么重要呢？

我们觉得本书之所以非常重要有两个原因。第一个原因是，对大多数公司来说，目标和社会利益仍然被视为推动其业务成功或使其业务失败的众多趋势之一。我们相信大部分领导者没有意识到新兴起的对目标关注的趋势是多么广泛和重要，也没有意识到它将如何重塑我们的企业。在本书中，我们展示了这场变革不仅是一场即将冲击你们组织的浪潮，而且实际上也是我们这一代人将面临的最重要的浪潮。我们希望给出令人信服的案例和理由，证明这可能是我们这个时代最大的商业机会。

本书非常重要的第二个原因是，尽管大多数领导者现在都说目标和社会利益对他们的企业至关重要，但他们没有真正将目标嵌入他们的领导中，也很少有公司真正重新定位它们的业务。本书的目的是向您展示这场即将到来的变革的面貌，更重要的是您的企业和作为领导者的您必须如何改变，才能在这个社会公益时代蓬勃发展。

在过去的20多年里，我们与全球大约550家公司合作，帮助它们变得更具目标驱动性。关于为什么有些公司和领导者在这个新的时代蓬勃发展，我们学到了很多。我们必须做些什么才能真正地利用这些新期望的力量去追求美好。我们分享的经验大部分来自我们自己的咨询工作。

为了写作本书，我们也开始了一段旅程，探索企业如何在这场变革中获胜以及成功者如何诠释成功和做好事。我们调查了数以百计的领导者，问他们是什么让他们晚上睡不着觉。我们采访了50多家在目标管理上取得实际进展的公司的领导者，这些公司包括3M、福特（Ford）、惠普（HP）、IBM、七世代（Seventh Generation）和TELUS。

本书研究的另一个重要素材来源是安德鲁·温斯顿（《大转变》的作者）和约翰·伊佐正在进行的一个更宏大的研究项目。该项目旨在采访那些在推动社会福利方面表现出真正领导能力并取得成功的首席执行官。安德鲁和约翰采访了其中18人，包括3M的英格·图林（Inge Thulin）、可口可乐的艾哈迈德·穆塔尔·肯特（Ahmet Muhtar Kent）、福特的小威廉·克莱·福特（William Clay Ford Jr.）、TELUS的达伦·恩特威斯尔、七世代公司的乔伊·伯格斯坦、宏利金融（Manulife Financial）的唐纳德·阿瑟·古洛伊恩（Donald Arthur Guloien）和联合利华的保罗·波尔曼。尽管这项研究主要集中在这些首席执行官如何致力于可持续领导上，但我们在本书中分享了其中的一些内容，因为这涉及他们如何看待目标变革以及领导者在当下要做些什么才能成功。

我们从塑造这场变革的思想领袖那里寻求建议，他们的建议很大一部分都被引用到本书中。在每一个案例中，我们都提出以下三个基本问题：

第一，围绕目标和社会公益的期望正在发生什么变化？

第二，贵公司是如何应对这些改变的？什么举措是有效的？

第三，为了真正地践行目标，其他领导者和组织应该做些什么？

如果我们没有提及详细的参考资料，那表明引用的信息直接来自这些采访。我们认为在每一个实例中都清楚地说明这一点是多余的。

本书的第一部分——利用目标的力量，主要聚焦于"为什么"。我们要揭示为何这真的是一场变革；帮您理解目标发展的三波趋势，是什么在推动它；然后分享一些关键点——如何培养专注于目标和社会利益的组织或团队。您也可以从中学到为什么大部分领导者目前还没能在他们的团队中嵌入目标。本书的第二部分——引领目标导向的文化，主要聚焦于"怎么做"。我们提供了一幅实用的蓝图，说明如何实现目标，并为您提供大量有用的点子以帮助您在公司和团队中贯彻目标，这些点子都来自那些成功的公司。我们认为每位领导者在推动目标文化方面都起着至关重要的作用。本书旨在让人大开眼界，同时又感到很实用。

我们配备了贯穿全书的练习，来帮助您洞察个人和公司的目标。这些练习由具有实操性的建议组成，这些建议能逐步帮助您缩小关于目标的分歧、激活目标并建立目标驱动的文化。我们会要求您做笔记，用头脑风暴法集思广益，然后写下想法。因此，我们建议您为这些练习准备一个专门的笔记本。当然，您也可以使用数字移动设备，只是要确保可以方便地访问它，以便随时参考。

关于如何阅读和使用本书，我还有一些有用的建议。把本书分成两部分是一个深思熟虑的选择。本书第一部分是首席执行官、企业主、人力资源主管、市场营销主管、首席可持续发展官和咨询顾问最感兴趣的部分，因为它显示了为什么目标很重要，并帮助您理解围绕目标的期望所发生的新变化。如果您是一个中层或一线运营领导者，您会想要了解这些趋势，但可能会发现第二部分才是重点——如何将目标嵌入您的领导中。如果您是首席执行官、企业主或高级部门领导，您可能会发现鼓励每位管理者阅读本书并专注于第二部分是很有用的。商业书籍并不总是需要逐页地仔细阅读，读者应该重点关注与自己匹配的最有吸引力的部分。

　　约翰写《唤醒企业灵魂》时，让该书不仅聚焦于如何做好生意，还有生意如何创造美好生活。而现在对于本书的定位大家也别搞错了，本书不仅关乎如何赢得员工和客户，更关乎商业活动的灵魂。自我们开始为公司提供咨询服务以来，我们一直相信商业活动可以为社会建设一个更公平和可持续发展的世界。

　　本书会使您有机会获得以下相对竞争优势——不仅在于赢得员工贡献度的提升，创造有意义的竞争优势，留住顶尖人才，从客户那里获得非凡的忠诚度，从投资者那里获得投资，更重要的是提升公司和组织对社会利益的关注度。这场变革将塑造我们的子孙后代所生活的世界，您会成为这场变革的一部分。

目录

引　言　您为目标变革做好准备了吗？　/ 001 /

| 第一部分 |

利用目标的力量

第一章　目标的优势　/ 017 /

第二章　第一步，找出您的目标　/ 033 /

第三章　品牌宗旨外部化　/ 057 /

第四章　为什么大部分领导者和公司因目标而失败　/ 077 /

| 第二部分 |
引领目标导向的文化

第五章　所有的领导者都必须有目标　/ 095 /

第六章　驾驭工作目标，而不是工作职能　/ 113 /

第七章　获得一个可以实践的目标　/ 133 /

第八章　创立一个清晰可视的目标　/ 155 /

第九章　如何在目标变革中赢得人才　/ 177 /

第十章　关于在社会公益时代中如何繁荣发展的八个实践案例　/ 193 /

结　论　现在该做什么　/ 209 /

| 引 言 |

您为目标变革做好准备了吗？

一场变革正在商界发生，对作为领导者的您而言，这场变革将是我们这一时代最大的机会之一。这是一场在全球范围内正在进行的运动，对此认真对待的领导者将能够吸引员工和客户，从而在未来几年取得可持续的成功，而忽视这场运动的人将会落后于时代潮流。本书是我们在目标变革中能够顺利发展的指南。

对那些期望企业能够满足自我实现需要的员工、顾客和投资者而言，这场变革将是一场重要改变，会成为社会和环境中一股向善的力量。对员工来说，这场变革也导致了一个日益增长的期望——工作能够让你与众不同并实现自我，也可以让你找到人生的意义和满足感。

这场变革在一定程度上是对20世纪70年代开始发生的转变的回应。当时众多公司开始将股东回报作为首要目标，客户、员工、社会和其他利益相关者都被忽视了。这种趋势在20世纪80年代、90年代和21世纪初非常盛行，这都是基于以下假设：股东"拥有"他们投资的公司，他们应该拥有最终决定权，公司有责任尽其所能增加股东的财富。在今天，一些聪明的公司已经意识到它们的行为直接和间接地影响了更多的人，而不仅仅是它们的短期和长期投资者。更重要的是，这些公司意识到了员工、客户和投资者都在期待一些不同的东西。

目标到底是什么？

"目标"正在全球的企业圈子中被越来越频繁地提起。例如，2016年安永（Ernst & Young）在一份关于全球目标现状的报告中指出："自1994年以来，关于'公司/组织目标'的公开讨论增加了5倍，当前呈指数级增长，其增速超过了公开讨论可持续发展的增速。"目标可以分别从个人和组织的角度来定义。对个人雇员或工人而言，目标是一种信念——相信工作能够实现人生意义并使人与众不同。升职加薪仅仅是工作所带来的一部分回报。工作能够带来一种有意义的潜在感觉，即工作能以积极的方式为社会或其个人价值服务。

日语中有一个词 ikigai（生きがい）描绘了对目标的感觉，意思是人生的意义。对日本人而言，每个人都有 ikigai（人生的意义）。要找到它，需要对自己进行一次深入而漫长的探索。这种探索被认为是非常重要的，因为人们相信发现人生意义会给生活带来满足感，例如工作、爱好和抚养孩子。在日本负责我们高管培训的客户告诉我们，在这种文化下，对工作意义的重新想象越来越多。我们相信，这种通过工作找到人生意义的新兴需求也是全球性的。

对于组织，我们将目标定义为一个志向远大的组织存在的理由，那就是为了让所有利益相关者，特别是客户、社会和地球的现在和未来变得更美好。有目标的组织都是围绕这个核心意义而存在的。虽然组织也会生产产品、提供服务、创造利润，但整个组织都将围绕这个期望而运转——让客户、员工、社会和环境的现在及未来更加美好。

虽然利润是大多数公司的首要关注点，但几乎所有利润都是公司实现为客户服务的目标的结果。然而，如今许多公司正与这种传统目标意识脱节，将利润作为最后的目标，而不是作为它们对客户需求的满足度的衡量指标。

目标差距

毫无疑问，新兴的员工、客户和投资者越来越多地受到渴望实现目标的驱动，我们将在后文中展示这一事实。然而，在这个强调社会公益的新世界里，这些新兴的期望与当前的商业活动所传递出来的东西存在一定距离，我们称之为目标差距。在商业活动中，差距意味着机会。如果人们需要的东西不能被组织提供，那么能够缩小人们的预期与实际差距的组织将会取得成功。

大多数公司目前无法为其员工、客户和投资者提供目标，或者至少不能充分发挥其潜力。研究表明，近70%的员工表示，他们工作的公司对利润和满足自己的需求更感兴趣，而不是客户或社会。相较而言，86%的员工"认为自己的雇主对社会和环境负责很重要，且其中超过一半（55%）的员工认为这一点非常重要"，60%的员工希望自己的工作有目标。很明显，其中存在一个意味深长的差距。

此外，在一项针对首席执行官的大型研究中，大多数人认为激活目标可以提高员工满意度（89%）、公司转型能力（84%）和客户忠诚度（80%）。然而，只有约45%的受访者表示，他们在将目标嵌入公司经营方面做得很好。他们疲于不断宣传自己提供的工作是如何给予员工超越金钱或交易的目标和意义。追求目标的求职者并不特别在乎他们的工作如何创造更具实质性的贡献，或者如何带来积极的影响。商业领袖有望在将工作与目标联系起来方面发挥核心作用。但研究表明，只有不到三分之一的人帮助他们的直接下属将自己的目标与公司的工作联系起来。

这个差距代表了一个重要的机会。事实上，人才是想要目标的，但大多数员工认为公司主要对公司自身的利益而不是对客户或社会的利益感兴趣。这意味着那些能找到一条连接目标的真正途径的组织将会快人一步。无论你是谁，是首席执行官、中层经理、人力资源招聘人员或小企业业主，理解并建立一个以目标为中心的团队可以提高整个组织的长期绩效。

目标与人才战争

在写作本书的时候，我们采访了一些企业领袖。他们反复告诉我们，当他们到大学校园里访问的时候，他们的公司追求公益所带来的声誉是顶尖人才的驱动力。英国特许管理会计师公会（Chartered Institute of Management Accountants）的首席执行官安德鲁·哈丁（Andrew Harding）对新员工不断变化的期望发表了评论："现在毕业生与我们的对话都是'我想在一个真正的企业中工作，我想看到该企业的价值，我想能够感觉到我是实现该价值的一部分'。这是一个非常基本的思维模式转变，它与你的组织目标和议程一起发挥重要作用。"

以目标为中心的员工正在改变我们工作的意义，改变企业在我们的生活和社会中的角色。全球有37%的劳动力是以目标为导向的，而且数量还在不断增加。这种从内到外的转变是基于个人价值观的，并且也正在推动职场的三大转变。

第一个转变是从为钱而工作到为一定目标而工作，重新定位人与工作的关系，把工作视为一种个人价值的实现，使其脱离单纯作为谋生手段的定位——目标和意义是更为重要的主题。第二个转变是期望职场能够丰富员工的生活，使员工有机会做出超出其工作基础职责的贡献，从而职场也能使员工因工作而变得与众不同，无论在公司内外都是如此。最重要的是工作让员工生活更丰富、获得成长和做出贡献。第三个转变是重新定义了公司的角色：公司需要把世界变得更好。这些转变共同塑造了员工、公司和社会之间的新关系。

在一份工作中提供目标不再是吸引顶尖人才的可选有利因素，而是在吸纳人才的高风险游戏中必须下的赌注。德鲁·邦菲格利奥（Drew Bonfiglio，Emzingo 的联合创始人和管理合伙人，该公司致力于培养领导者，经常与年轻人才合作）拥有关于目标驱动员工的第一手经验。他告诉我们："你必须使目标成为公司的内在文化。"

琼·斯威尼（3M 公司首席可持续发展官）对员工的看法也与之一致："我们的员工渴望有目标的工作，他们在工作时需要看到比自己更大的目标。"

社会公益时代的领导者的工作就是激活目标，这意味着他们有助于实现潜在的良好意图，实现员工与他人、社会和环境与众不同的抱负，然后将这些目标转化为可行的战略以及整个组织的行动。但他们不能就此止步，除了在整个组织中嵌入目标，他们还必须找到持续有效的方法，使客户和投资者的注意力转移到关于公司坚持社会公益的真实故事上。

您的客户需要目标

尽管员工是最快接受目标变革的人，但客户很快也会随之而来。与员工相比，客户的情况更为复杂，客户在一年中可能会使用数百种产品和服务。客户从特定公司购买产品的原因很复杂，包括产品效率、风格、社会地位、成本、价值和速度。产品是否也有利于世界或提供目标感只是众多考虑因素之一。

即便如此，如今有60%的客户声称会做出关注社会公益的购买决策；83%的客户认为购买来自绿色公司的产品对他们而言很重要。2015年的一份报告显示"66%的全球消费者表示，对于可持续发展的品牌，他们愿意支付更多"。希思·沙克尔福德（Heath Shackleford，Good.Must.Grow.的创始人和推动者）注意到"消费者正在根据他们的热情和目标调整购买习惯，更积极地支持具有社会责任感的企业"。

新兴的全球客户想要的是我们所说的"都要"。他们需要产品能满足自身需求且价格合理，他们还需要"无负罪感"地购买，并通过他们的购买习惯促成一个更好的世界。然而，他们的想法转化为现实时将面临一定的障碍。根据GlobeScan和BBMG在2015年进行的全球人类愿望调查，超过半数的全球客户表示他们很看重自己所购买产品的公司是否具有社会责任感、是否是绿色公司。但客户也表示，他们经常对他们购买的品牌是否"好"感到困惑。

换言之，客户也存在类似的目标差距。他们越来越想"有目标地购买"，但他们觉得自己没有足够的信息确保自己能做出明智的选择。考虑到这种困惑，对于消费者说他们不会关心世界上70%～75%的品牌是否消失，人们也就不会感到意外。已经有迹象表明，客户认为大多数品牌都不具有责任感或不能可持续发展。消费者希望从他们信任的公司购买产品。那些能够讲述真实目标故事的公司能够赢得客户，但很少有公司这样做。

以目标为中心的客户是高度关联的，他们生活在一个信息以光速传输的移动社交媒体的世界里，创造了一个"由人们统治的点对点的商业新世界"。全球客户可以即时访问公司的信息，并有能力向世界各地的受众同步表达对该公司的品牌体验。

2015年的全球调查确定了一个新兴群体——"抱负者"——世界上最大和最重要的消费者群体。这个群体与"倡导者"不同，倡导者最关注的是购买更少的东西，尽可能奉行绿色生活方式。根据该报告，抱负者很重要，因为他们是第一个将物质主义、可持续发展价值观和文化影响力结合在一起的人，这使他们成为建立市场、影响文化规范和能大规模塑造行为变化的重要受众。这个团体喜欢购买，但他们想有目标地购买。70%的抱负者表示公司应该对"确保产品和运营不损害环境"负责。

总部位于英国的联合利华的一项国际研究显示，三分之一（33%）的消费者现在选择购买他们认为具有社会价值或环境价值的品牌的产品。该研究表明，那些能证明自己具备可持续发展性的品牌，预计会有规模高达9 660亿欧元的市场机会。

该研究向来自五个国家的20 000名成年人询问他们对可持续发展问题的担忧会如何影响他们在商店和家中的选择。至关重要的是，它然后根据受访者的实际购买决策描绘了他们的主张，提供了比以往更精确的用户画像以描述人们实际要购买什么，以及为何如此。超过五分之一（21%）的受访者表示，如果某品牌的包装和营销显示出更清晰的可持续性，他们会积极选择该品牌。

联合利华通过自己出色的财务表现进一步证明了这一市场机会的规模之大。在其旗下数百个品牌之中，像多芬（Dove）、好乐门（Hellmann's）和Ben & Jerry's这样在产品中整合了可持续发展目标的品牌，几乎占了

2015 年公司全球业绩增长贡献的一半。总的来说，它们比其他业务的增长速度快 30%。

该研究还表明，以目标为导向的采购趋势在新兴经济体的消费者中比在发达市场的消费者中更显著。英国 53% 的购物者和美国 78% 的购物者表示他们购买可持续生产的产品时感觉更愉悦；但这一数字在印度高达 88%，在巴西和土耳其高达 85%。

我们可以说，客户想通过采购商品来实现社会公益的趋势正快速地在全球范围内蔓延。不仅公司正处在这样的趋势中，客户也想要参与到这样的趋势中。那些能让人们"选择公益"的企业将具有真正的优势。然而，你需要考虑的最后一类人群是投资者。

投资者：他们真的关心目标吗？

虽然员工已表明他们做出选择时更关注目标，客户也已表明他们想要有目标地购买商品，但投资者是否真的对公益目标感兴趣仍然是一个问题。已经出现的一些早期迹象表明投资者开始认真对待公益目标，例如影响力投资——人们将投资具有社会影响力的企业作为主要的关注点。例如，2007 年，约有 11% 的美国管理资产（2.71 万亿美元）投资于社会责任投资（SRI）产品——比十年前增长了 18%。美国 SIF 基金会报告称，在 2012 年至 2015 年的短短三年间，可持续发展共同基金的资产从 601 亿美元增长到 854 亿美元。

在 2015 年的一项对 113 个国家的投资者和高管进行的调查中，麻省理工学院斯隆管理学院与波士顿咨询集团（Boston Consulting Group）合作的报告指出：73% 的投资者表示可持续发展业绩比三年前更重要了。主要的养老基金也越来越多地利用自己的力量推动公司解决气候变化等问题。围绕环境和社会的风险缓解问题也成为大投资者关注的焦点。然而，研究表明，虽然大多数投资者希望利用其投资选择增进公益，但获得可靠回报仍然是影响投资的最关键因素。

有两个因素会增加投资者在目标变革中的力量，使其最终比客户或员工更强大。其中一个因素是数据：越来越多的业绩数据表明，可持续发展的公司胜过不可持续发展的公司。另一个因素是，投资者意识到与可持续的发展公司相比，不可持续发展的公司存在更多的固有风险。简而言之，可持续发展的公司相对于不可持续发展的公司是更好的投资标的。社会和道德价值、更好的业绩和更低的风险这些要素共同构筑了投资者的基础，驱使投资者实现目标。

具有社会和环境意识的投资者现在也对商业行为产生了影响。据报道，在过去十年中，提交的有关环境和社会问题的股东提案数量增加了50%。在另一项研究中，George Serafeim 和卡尔弗特研究与管理公司（Calvert Research and Management）发现，从2008年到2010年，在与企业谈判达成的环境问题退出协议中，超过80%的已完全或基本实施。

许多SRI公司和公共养老基金向雪佛龙、埃克森美孚、EQT能源公司、EOG资源公司、先锋自然资源公司和西方石油公司提交了有关水力压裂法开采对环境影响的股东提案。它们得到了想要的结果。例如，埃克森美孚同意启动26个类别的风险管理报告；EQT能源公司同意测量和披露甲烷泄漏情况，报告减少对地下水和地表水风险的相关进展；先锋自然资源公司同意对其董事会章程进行环境、社会和治理（ESG）方面的监督，并增加对水资源消耗、废弃物回收和空气排放管理的披露；西方石油公司同意报告其废弃物回收与管理、水资源消耗和减少有毒化学品的相关进展。

员工已经身处这场变革中，客户想要加入，而投资者正考虑加入。参与变革的投资者显然可能落后于其他两类人群，但一旦获得动力，投资者将加入员工和客户的阵营，成为一种令人敬畏的力量，从而冲击各级企业。正如一位共同基金经理在2016年圣地亚哥举行的一次大型可持续品牌会议上向观众讲述的那样："当投资者在这个问题上获得宗教信仰时，公司必将争先恐后地追赶。"

变革造就成功者和失败者

人类历史一直受变革或革命影响。无论是农业革命、启蒙运动、工业革命、在法国和美国等地区进行的暴力革命，还是一些国家进行的社会主义革命，人类的进步往往都要受到重大转变的影响。我们的商业和社会生活同样受到变革、流行思想和技术的影响。回首近50年，我们很难相信我们生活的方方面面会发生这么巨大的变化，无论是食品、娱乐、通信、社交互动，还是商业。

变革发生时，几乎总有赢家和输家。想一想过去50年来最伟大的商业变革之一：质量革命。在20世纪60年代，管理思想家W. 爱德华兹·戴明（W. Edwards Deming）和约瑟夫·米兰（Joseph Juran）提出了这样的观点：质量管理主要是通过观察流程而不是人进行的，企业需要创建以持续改进为核心的企业文化。他们的想法在美国和欧洲几乎没有吸引力，但在日本找到了更能接受的受众。

到1970年时，质量革命已经开始。日本产品相对便宜，是世界上最优质的产品。曾经以"便宜"著称的产品，现在是消费者报告中代表可靠性和质量的首选。到了1975年，每个人都知道世界上最好的汽车是在日本制造的，丰田和本田等公司在汽车制造商中占据了最大利润份额。北美汽车制造商是这场变革的输家，尽管最终对消费者来说这是一个巨大的胜利。由于未能迅速应对这场变革，当时全球最大的汽车制造商几乎破产。

变革是有趣的事情，因为在我们被它抛弃之前，我们常常不知道它有多重要。想象一下第一批定居下来种植庄稼而不是继续通过打猎和采摘谋生的人类。当时任何人都不可能预见正在发生的根本性变化将如何影响人类社会：婴儿死亡率下降，人口呈指数增长，有组织的暴力行动增加，新原始技术的诞生，文字的发明和交流的传播。总而言之，这是一种从上到下的全新生活方式。

商业变革也是如此。当日本汽车被认为是北美的"廉价进口商品"时，没有人怀疑质量革命会让通用汽车和克莱斯勒等公司陷入困境。还记得录像出租商店百视达（Blockbuster）吗？它将收购奈飞（Netflix）部分股权的机会让给了别人，原因是其领导者不理解或不愿意相信在家中观看电影可能造成的破坏程度。商业变革使一些公司消亡，但也提供了其他公司成长和发展的土壤。

人类也倾向于低估变化的程度。在大多数情况下，我们得到的总体方向是正确的，但是在确定轨迹后，我们还没有准备好应对这一趋势的迅速发生。以手机为例，1980年，美国电话电报公司（AT&T）受托进行一项研究，预测到2000年手机的使用情况，结论是到那时手机用户将达到90万。而实际上，到2000年，手机联网数已达到1.09亿，是预估的121倍。现在，全球有76亿注册移动用户，在一些国家手机的注册用户数量超过了其人口。

绿色能源提供了另一个低估利用趋势的例子。据 2000 年的预测，到 2010 年，全球风力发电规模将达到 30 吉瓦。到 2014 年，实际数字超过了 120 倍。我们看到太阳能领域也存在类似的趋势和预测。2012 年美国能源信息署（US Energy Information Administration）报告称：截至 2035 年，太阳能发电量预计将达到 24 吉瓦。在 2017 年的前三个月，美国联邦能源管理委员会（Federal Energy Regulatory Commission）表示，公用事业太阳能发电规模已达到 25.84 吉瓦，其中甚至不包括小型系统，如屋顶太阳能。

类似的例子还有很多——从福特 T 型车发布后的汽车增长预测，到现在个人电脑的使用数量。这些预测性失误之间的共同点是，我们通常认为变化是线性的，而实际情况却倾向于几何式倍增。正如马尔科姆·格拉德威尔（Malcolm Gladwell）在他的著作《引爆点：如何引发流行》(*The Tipping Point: How Little Things Can Make a Big Difference*) 中展示的那样，某一社会现象起初进展缓慢，但当它达到加速临界点时就会起飞。它有点像火箭飞船缓慢地从发射平台上升，但很快便以极快的速度加速。

目标可以使您在一个颠覆时代中不落伍

在过去 15 年中，商业发生的最大变化包括颠覆速度以及几乎所有产品的商品化。几乎任何商业模式都可能被颠覆并且速度很快。想想拼车对出租车业务的影响以及"机器人顾问"可能会对理财规划师做些什么。除此之外，潜在的颠覆性选择源于客户对价格的不懈关注，客户经常抛弃品牌，转而选择价格较低的替代品。这些现象都提出了一个问题：当颠覆成为常态并且几乎所有东西都变成商品时，客户和员工的忠诚度来自何处？

我们认为将人们与您的目标联系起来，可能是企业可用的少数可持续竞争优势之一。正如我们在本书中所展示的那样，当客户认可您的目标时，即使您的竞争对手降价，他们也会更加忠诚；即使您面临颠覆压力，员工也会留下来并努力工作，而您现有的客户以及员工将成为企业品牌的热情推广大使。

缩小目标差距：在社会公益时代中保持领先

大多数领导者认为，目标和社会利益正成为商业成功的关键驱动因素，但大多数公司都是由于目标而失败的。它们缩小与全球新兴价值观之间差距的努力仍然不够。目标差距可能对某些公司构成威胁，但对其他公司来说却是一个巨大的机会。那些真正缩小差距的公司和领导者将成为我们这一代的目标标志，就像本田、诺德斯特龙（Nordstrom）、美国西南航空（Southwest Airlines）和联邦快递（FedEx）成为服务质量革命的标志一样。解决缩小企业与人才和客户需求之间的差距问题以及改变目前大多数公司的看法将被证明是 21 世纪最迫切的商业挑战。

Sustainable Brands 是对这个问题感兴趣的领先组织。十多年来，该公司一直在世界各地举办会议，重点关注公司如何通过创造有目标的品牌来实现繁荣发展。该公司的创始人兼首席执行官科安·斯科兹尼亚尔兹告诉我们，对那些希望通过专注于目标而真正实现差异化的公司而言，这个窗口将会关闭："公司总是有机会走得更远；但如果你仅仅想通过有目标来进行区分，那么很快就会为时已晚。一旦有目标是最低标准的共同点，你就必须更加努力地工作。"

　　真正的问题是贵公司是会缩小差距还是会被差距吞没。你个人会成为一个高度敬业、被目标驱动的团队的领导者吗？在之后的章节我们将为社会公益时代的蓬勃发展提供深入的指导。有些读者可能会发现他们公司的做法已经很好地定位了他们的组织，但可能会有更多的人发现他们在目标曲线上落后了。不要害怕，我们将通过本书帮助您驾驭这个新世界。让我们开始吧！

第一部分

利用目标的力量

　　本书的核心论点是：员工、客户和投资者之间正在进行一场目标变革，这代表了我们这一代人与这些利益相关者合作的最大机遇之一。第一部分的重点是帮助您了解目标变革是什么，以及它对您的企业和您作为领导者的重要性。我们希望您真正了解您的利益相关者如何定义目标，以及在工作中对意义的渴望和对社会公益的向往，这对获取人才敬业度和客户忠诚度至关重要。

　　这一部分内容将帮助作为领导者的您，了解目标是什么，了解目标如何变化，发现目标带来的业务优势，学习如何定义公司和团队的目标，以及发现如何缩小我们所谓的目标差距。您还将了解为什么大多数领导者和公司目前都失败了，以及如何在涉及新兴员工和客户时避免最常见的错误。

| 第一章 |

目标的优势

毫无疑问，公司更加关注目标和社会公益，这将对员工和整个社会产生积极影响。但目标是否为您的企业创造了有意义的竞争优势？虽然很少有人会不同意本书中讨论的趋势方向，但许多人可能会怀疑这场变革是否是一种改变游戏规则的力量。如果您正在考虑这些问题或者问自己类似的问题，我们理解您，您并不孤单。

我们采访过的许多首席执行官和领导者，其公司已经从关注目标中获得了巨大的收益，这表明大多数领导者仍然没有意识到这一运动已经变得多么重要。例如，3M董事长、总裁、首席执行官英格·图林告诉我们："一个不专注于产品和客户可持续发展的企业将在50年内消失。"可持续性当然不仅仅涉及环境角度，尽管"绿色环保"始终是人才和客户共同关注的社会问题；它是关于将事情做得更好的理想关注点。

达伦·恩特威斯尔是TELUS的总裁兼首席执行官。该公司是一家大型的盈利的加拿大电信公司，也是这场变革的领导者。他不仅确信目标对商业成功至关重要，还直截了当地说："我的绝大多数首席执行官同事根本没有向这个方向发展的潜力。"

我们不想恫吓您支持本书中讨论的目标驱动的公司哲学，但我们确实想告诉您，事实都表明这是一个不断变化的世界——在一个社会公益时代，目标越来越多地出现在员工、客户和投资者的核心动机中。我们相信一旦您了解了目标变革的事实和力量，您将无法再忽视它。首先，让我们了解关于目标的商业案例。需要探索的有三个方面：不关注目标的风险，来自目标的直接机会，以及源自目标驱动文化的间接利益。

关于目标的商业案例

在社会公益时代，非目标导向型公司即不能持续创造社会公益的公司将存在巨大的风险。以德国汽车制造商大众汽车为例，该汽车制造商的丑闻涉及操纵汽车上的软件，向监管机构隐瞒汽车的实际排放情况，使公司面临经销商和客户提起的数十亿美元的诉讼和赔偿要求。它也开启了与购车者之间的对话。最近一位同事告诉我们在他与一群专业人士进行的对话中，其中一半人说他们再也不会购买大众的汽车。大众公司股票的价值已大幅缩水以至几乎腰斩，该丑闻很有可能在未来数年内都持续对该公司产生影响。

许多顶尖人才，特别是年轻的新人，在编制一份他们根本不会为之服务的公司黑名单。以宾夕法尼亚大学沃顿商学院的顶尖毕业生Lisa为例，他告诉我们："我和我的朋友研究了反对我们关心的价值观的公司。埃克森美孚、大众汽车、英国石油公司、孟山都公司以及其他约30家公司都在我们的名单上。我们将其称为'禁飞'名单。"这些公司被列入名单的原因包括环境破坏和道德失误等。

3M、福特和许多其他公司的招聘人员告诉我们，在大学校园里，学生们越来越多地掌握有关公司声誉的信息。一位人力资源高管对我们说："他们已经知道我们的故事，他们只是想知道这是否真实。"如果新员工认为贵公司认真对待其使命，他们会更乐于与您合作。如果他们发现贵公司存在声誉漏洞，他们就会把贵公司剔除出选项，因为还有很多其他公司的价值观与他们的一致。

虽然风险方面是一个强有力的原因，但目标驱动的好处更明显。IO 可持续发展（IO Sustainability）和巴布森学院（Babson College）2015 年发布了名为《项目投资回报率报告：定义企业社会责任和可持续性的竞争和财务优势》（*Project ROI Report: Defining the Competitive and Financial Advantages of Corporate Social Responsibility and Sustainability*）的研究报告。该研究采用了广泛的途径来检验影响深远的数据并对其进行分析，确定考虑公益是否有利可图。该研究报告发现："强大的企业责任（CR）是目标等式中的一个重要部分，它提高了员工的奉献度、亲和力和敬业度。"请注意，企业社会责任不是目标的同义词，尽管它在公司如何推动和激活目标方面确实发挥了作用。

该研究报告称，员工愿意为承担社会责任的雇主减薪 5%。拥有有效社会责任计划和方法的组织可以将生产率提高 13%，并将每年的淘汰率降低 3%～3.5%，从而为每名在岗员工节省高达年薪 90%～200% 的换工作成本。随着时间的推移，员工的平均流失率可降低 25%～50%。

该研究还表明，强大的社会责任对营销和销售产生了重大影响，可以"使收入增加 20%，使价格提高 20%，并且在整个细分市场中使客户贡献度提升 60%"。也许最有说服力的是，根据《项目投资回报率报告：定义企业社会责任和可持续性的竞争和财务优势》，企业社会责任有可能"将市场价值提高 4% ～ 6%，在 15 年的时间内，使股东价值增加 12.8 亿美元，避免因危机造成的市场损失则高达 3.78 亿美元"。

正如您所看到的，我们不是在谈论这里的变化，这是一种史无前例的现象。如果您不注意警告标志，您不仅会损失钱，还会失去最好和最聪明的点子。这场变革最重要的一个方面是，以目标为中心的员工是跨越国界的全球现象。2016 年对 40 个不同国家、16 种不同语言的 26 151 名 LinkedIn 成员进行的全球调查指出：有 37% 的 LinkedIn 成员是目标导向的，"38% 的成员认为目标与金钱或地位同等重要"。

目标导向劳动力占比排在前列的国家依次是瑞典（53%）、德国（50%）、荷兰（50%）、比利时（49%）和波兰（48%）。美国的目标导向劳动力的占比为 40%。研究中目标导向劳动力占比最低的国家是沙特阿拉伯，占 23%。对许多公司而言，人才争夺战是一场全球性斗争，因此展示您的团队如何帮助应对世界上的巨大挑战，正在成为公司在所有运营地吸引人才的门票——不仅仅是吸引潜在的员工，还包括吸引潜在的新客户。

一个全球性机遇

当今最大的商业机会之一是接触新兴的全球中产阶层。赢得这个不断增长的市场所带来的收益可能会让您大吃一惊。发展中国家，尤其是亚洲中产阶层的崛起，是推动目标变革的重要动力。例如，中国在很短的时间内让很多人摆脱贫困并进入中产行列，这一群体比人类历史上的任何社会都要多。爱德曼良好愿景调查表明，80% 的中国消费者和 71% 的印度消费者愿意为有目标公司的产品支付更多费用。

东西方研究所（East West Institute）的创始人、总裁兼首席执行官约翰·埃德温·莫罗兹（John Edwin Mroz），也是我们的导师，他花了很多时间与中国政府合作。最资深的那些人私下告诉他，他们惊讶地发现，一旦那么多人进入中产阶层行列，这些人的期望就会迅速改变。突然之间，人们会要求一个清洁的环境，给政府施压并要求政府承担更多的责任，以解决空气污染、食品安全等特定问题。

贫困人口一般不会让企业更负责，也不会主要关注工作的使命感；但是一旦人们达到更高的收入水平，他们就会考虑这些因素。现在这种情况更多地发生在发展中国家。发展中国家中不断崛起壮大的中产阶层将迫使企业非常重视目标和社会责任。

在 2015 年《福布斯》（*Forbes*）的一篇文章中，比尔·菲舍尔（Bill Fischer）指出，不断崛起的中国中产阶层和"越来越注重为中国消费者提升服务质量"正在推动企业将文化转向创新，而最成功的创新则是"追求使命感"。能证明上述观点的一个例子是一家中国食品公司欣和。用 IDEO 中国区总经理查尔斯·海斯（Charles Hayes）的话来说，"这家公司不是仅仅出于商业目标，而是利用它的业务来改善人们的生活"。

欣和的更高愿望在其企业使命中得到彰显：我们引领饮食生态的改善，让家人安心享用每一餐，乐活健康每一天。欣和通过七种手段来实现其承诺的目标：可持续的农业种植、可靠的饮食供应链、创新的产品开发、高标准的生产制造、便捷的零售渠道、极致的饮食体验和全方位的食物教育。

随着国际性收入的增加，人们对意义的渴望愈发强烈，同时伴随着现代生活幻想的破灭。麻省理工学院高级讲师奥托·夏莫（Otto Scharmer）将这一观点称为"现代社会的三个分歧"：自然分歧、社会分歧和精神分歧。自然分歧是指全球社会与我们对环境的影响正在脱节，气候变化危机最有力地证明了这一点。社会分歧是指贫富差距的扩大。精神分歧是指越来越多的人失去生活的意义，这往往与工作经历有关。

这些日益扩大的分歧正在推动一股能量涌向世界各地的当代公司，迫使它们解决这三个分歧导致的问题。企业很快就会争先恐后地跟上人才和客户日益增长的需求。那些被视为主动引领变革的公司将成为受欢迎的品牌和雇主。

获取竞争优势从明确的目标开始

在接下来的章节中，我们将介绍众多领导者和我们认为处于目标变革前沿的公司。这些公司在它们的组织和团队中推动目标，同时力图创造一个更美好的世界。正如您将看到的，这些公司中的一些公司在创立时就已经明确地将目标融入它们制造或提供的产品中。其他一些随着时间的推移建立了自己的目标，找到了作为人和组织的核心价值观，以及发现了如何与员工和客户建立联系。挖掘目标并广泛传播它是参与目标变革的主要工作，激活组织目标的第一步是阐明一个明确的、令人信服的目标，简而言之，一个比仅赚钱更伟大的目标。

为了说明目标强化业务竞争优势的潜力，我们以七世代公司为例。由于其愿意明确且简洁地阐释其目标，并付诸行动，所以公司不断获得客户。

七世代公司：行之有道

七世代公司成立于 1988 年，位于佛蒙特州的伯灵顿，销售清洁用品、个人护理用品、纸制品等，着重强调企业责任、可持续发展、环境和消费者健康。该公司的使命是"激发消费者变革，培育未来七代人的健康"。

该公司生产的盘子和香皂、尿布和湿巾、植物消毒剂和女性卫生用品都是以客户的最大利益为核心，使用可生物降解、可回收和有机的材料，避免使用有害或刺激性的化学品和塑料。该公司以其洗涤剂而闻名，但并不仅仅因为它让人们的衣服清新且干净。

七世代公司认为，正如许多客户所做的那样，人们应该知道他们使用的清洁产品中含有哪些成分。客户从标签上看到了公司的可持续性承诺，这些标签突出了其产品的关键价值属性。例如，洗衣粉："没有染料、荧光增白剂或合成香料，用植物成分制成，97%的成分是美国农业部认证的有机产品。"洗碗机洗涤剂除了不含染料或合成香料，标签上还写着："不含氯和磷酸盐。"事实上，该公司坚信在这个问题上所做的客户教育工作是很有必要的，因此帮助所有清洁产品公司进一步提升成分透明度。

该公司推进的一场运动表明，目标驱动的生意才是好生意。2014年，七世代公司发起了一场与地球日有关的活动，目的是让美国国会通过一项专注于有毒化学品安全改革的法案，要求对化学品进行更严格的监管。该公司在《纽约时报》用了一个整版，呼吁公民在请愿书上签名，以便通过该法案。该广告重点关注为什么这个问题对地球和社会至关重要，而且它没有提到公司的产品。

七世代的首席执行官乔伊·伯格斯坦表示，该广告对销售量的影响要大于他们每年提供的所有优惠券，即使这些优惠券直接有利于客户省钱。该公司解决了一个社会问题，它认为这个问题对客户很重要，并邀请他们直接参与。该活动远不是一场营销活动这么简单,它还巩固了公司与客户的关系,并且展示了其践行公益的使命。

该公司目前的活动主要关注成分披露——《清洁产品知情权法案》(Cleaning Product Right to Know Act)。该活动邀请人们加入,以使产品标签透明化,并提供明确的建议:"确保您只使用标签上列出成分的产品"和"通过联系您的美国代表来支持《清洁产品知情权法案》(HR 2728)"。

七世代公司定期展示其价值观,并邀请其不断增长的客户参与其中。通过向客户展示他们共同参与这场活动并且其行动符合客户的需求和原则,该公司已经赢得了目标优势。

虽然此广告活动真实地表达了七世代公司的目标,但它也可以作为任何希望缩小目标差距并帮助消费者做出他们想做的"好"选择的组织的榜样。

因为我们永远不知道什么会引起客户的共鸣,所以测试您的目标对业务的影响是非常重要的。相对于传统营销方式,这种测试最终是为了与消费者建立更真实的关系,使消费者更聚焦于您分享的价值观。

◎ 练习:您的组织在目标上能得几分?

对于第一个练习,我们希望您考虑目标在组织中的用途,以及如果进行测试,您认为它会得几分。记下以下问题的答案,并在阅读后续章节时再参考它们。您的回答需要详细而具体。

- 您知道贵公司的目标吗?它是什么?它与您每天的工作有什么关系?
- 您多久会在正式会议中,或者是在非正式会谈中与同事和伙伴讨论一次目标或价值观等概念？
- 根据目前您所读到的内容，您认为贵公司在目标变革中是处于领先，居中，还是落后了？
- 贵公司的哪些问题被视为目标驱动的障碍？
- 谁拥有公司的目标？首席执行官？领导团队？所有员工？还是您？

捍卫一项事业

制定明确的目标并非易事。我们听到众多领导者认为他们的公司已经过于成熟或传统，或者他们所销售的产品不像七世代公司那样能与客户和员工产生强烈的目标共鸣。当然，七世代公司的目标本质上是以它的名字体现出来的，但是还有很多其他公司是通过领导和实际行动来展示目标，这样做会吸引和留住顶尖人才和客户。

它们这样做是在捍卫一项与客户、员工和其他利益相关者的价值观、信仰或道德观相一致的事业。当您的公司代表的不仅是出色的产品或服务时，您的公司与其他公司之间的关系也就会发生质的变化。产品或服务关系被超越，因为公司会被视为一名社区成员，是围绕共同组织的一个有价值的合作伙伴。许多公司倾向于不表明自身立场，以避免疏远或赶跑潜在客户，但人们倾向于尊重那些勇于纠正错误的公司。

捍卫一项您相信可以带来希望并建立信任的事业，不仅限于您所在的公司，而是在所有的事务中。对于那些明确自己的目标、明确客户价值、明确自己承诺优先做正确事情的公司而言，它们的行为成为一种生活方式，它们不需要总是作势宣传自己。在一个充满不确定性的时代，用行动表明立场可以像发送明确的消息一样简单地达到目的。

表明立场

2017 年，面对穆斯林旅行禁令激起的困惑与激愤以及修建美国与墨西哥边境隔离墙引发的争论，安海斯 – 布希公司（Anheuser Busch）在超级碗期间发布了支持移民的百威啤酒商业广告。公司的联合创始人阿道弗斯·布希（Adolphus Busch），表明他在当年消除了诸多障碍和偏见才创造了一家伟大的美国公司。安海斯 – 布希公司尊重其自身的传统，反对移民是危险群体或他们来美国是为了蹭福利的想法。相反，广告宣称移民作为企业家精神的中心仍然在美国有着活力，这是美国梦的真正基础。

星巴克执行董事长兼前首席执行官霍华德·舒尔茨（Howard Schultz）也在移民问题上发表了公开立场。作为对穆斯林旅游禁令的回应，他在推特上写道："我们生活在一个前所未有的时代，在这个时代，我们见证了我们国家的良知，美国梦的承诺受到了质疑。"尽管有人呼吁旅游禁令的支持者抵制星巴克，但舒尔茨坚持他的信念。据 TheStreet.com 报道，他宣布"星巴克正在制订计划，在未来五年内在全球 75 个国家雇佣 1 万名难民"，并重申了与墨西哥合作的承诺，而墨西哥是星巴克咖啡豆的主要来源。

像舒尔茨这样利用社交媒体或者像安海斯 – 布希公司这样利用主流媒体，被认为是支持一项事业并使之朝着一个更好的世界努力的清晰、有效的方法。安海斯 – 布希公司对公司文化的依赖以及与移民和创业的渊源，说明了这一点。坚持公司的传统能使公司走得更远。

🎯 练习：传统的力量

考虑以下问题，了解如何通过回溯公司的传统以获取灵感来激活团队目标。

- 公司创始人的价值观和愿望是什么？
- 他们如何战胜对利润的关注？
- 他们对更美好世界的愿景是什么？
- 他们当年所坚守的事业是什么？
- 今天贵公司的做好事故事是什么？您如何坚持这个故事？接下来您会增加什么内容？

当您探索激活公司目标的方法时，考虑实时表达自己的信仰和目标的机会。当您环顾四周时，有什么问题令人感到紧迫？新闻中在谈论什么？在哪里有争辩？您的公司是身处这场比赛中还是在场外？主动在当天的关键问题上趁热打铁，并发送关于贵公司立场的明确信息。

您的手下渴望目标

当您考虑目标变革的全球影响时，您可能会认为这种趋势正发生在您的业务中，事实的确如此。我们大多数人都希望我们的工作有目标感，能提供比利润更重要的东西，能为那些追随我们的人留下一个更美好的世界，更不用说已经在这个世界上生活的人了。

事实上，大多数员工和客户已经有这种愿望，这意味着当我们朝着这个方向前进时，我们将拥有巨大的财产。相对于围绕目标激励您的公司，更重要的是利用这些已经存在的东西。

例如，加拿大国家铁路公司是一家总部设在蒙特利尔的铁路运输公司，其目标是减少碳排放，同时减少浪费和能源损耗。其可持续发展总监钱塔尔·德普雷（Chantale Després）初入职场时从事销售和市场工作，她对客户提出的有关环境问题的新兴趋势感到好奇。她本人就是我们遇到过的许多人中的一个例子，这些人在发现自己所处的职位和公司能够对社会问题产生影响时，他们的工作满意度会飙升。

在与德普雷的讨论中，她告诉我们："当我们开始努力变得更加环保时，我们真的想找到一种自下而上的方法。在开始之前，我们向员工发出调查问卷，大量的人支持我们。我们希望找到一种方法，让每名团队成员都能感受到我们想要实现的目标。"他们创建了一个名为EcoConnexions的计划，这项计划旨在让公司来自各地的人更多参与，以减少浪费并提高效率。

公司领导层要求员工致力于把北美的每家公司都变成"可持续发展生态捍卫者"。反响非常积极。当他们将计划推广到120多个地方时，预计会有更多人想要成为当地可持续发展生态公司的一员。"我们发现那里已经有很多隐藏的环境支持者，这让他们有了一种新方式来激发工作热情，成为项目的领导者。我们不仅在减少碳排放和转移废物方面取得了很大进展，我们还发现许多新员工对我们正在做的事情非常感兴趣。"EcoConnexions计划不仅关注每个领域的领导者，而且关注每个人每天都迈出寻找变得更环保、更高效的方法的步伐。

关键是，我们不必在业务之外寻找这个目标变革；它已经在我们的业务中发生了。作为一位领导者，我们每个人都可能面临这样的时刻——觉得我们工作的职位与我们生活中的目标不一致。

几年前，一名为我们客户工作的高管与我们讨论了她的价值观与她的日常工作出现了脱节。她提到，作为一名高管，每周她都被要求做出违反个人价值观的决定。她害怕一周又一周地上班，因为她知道为了避免落后，她不得不打电话解决她无法解决的问题。她质疑自己作为领导者和员工的价值观，并且她知道自己的工作表现没有达到自己和公司的标准。她觉得她无法向同事表达这些感受，根本没有合适的场合谈论自己的目标。最终，她放弃了那份工作，这使那个她认为是目标驱动型的公司失去了一名优秀人才。

作为一位领导者，您有过这种感觉吗？您的贡献度、敬业度和为公司努力工作的意愿会产生什么样的影响？这种脱节在任何组织中都是腐蚀性的，最终意味着我们无法从我们的员工那里得到最好的结果。这种脱节很容易发生在非营利组织，如医疗保健机构。当员工在组织中的既定目标和价值观以及日常决策之间出现分歧时，这种脱节也同样容易发生在营利公司。通过深入了解我们公司已经存在的对目标更深层的渴望，我们可以激励人们走向成功。

喜力（墨西哥）：不仅仅是卖啤酒

在寻找能够证明目标变革方向的公司时，我们认为喜力（墨西哥）符合本章讨论到的所有标准。喜力是一家全球性公司，其主要消费者是部分新兴中产阶层。公司通过明确目标，在内部激活目标，捍卫事业，与员工、客户和社区建立联系，获得了相对竞争优势。

2015年多夫·范登·布林克（Dolf van den Brink）从美国搬到墨西哥时，他看到了一个潜力巨大但也面临许多挑战的国家。作为喜力（墨西哥）也是喜力全球最大分公司的新任首席执行官，他明白喜力的目标之一是通过发展其品牌来"大获全胜",但他也感受到了更多的机会。该公司在墨西哥拥有悠久的服务历史,包括在蒙特雷设立最受尊敬的大学之一,为员工及其家人提供医疗服务,当时很少有公司会做到这些。多夫·范登·布林克想抓住机会,强调喜力(墨西哥)对员工、客户以及整个地区的贡献。

他在刚果工作的经历使他意识到,公司可以在它所在的和所经营的地区建立真正的差异化地位。他致力于重新定义喜力(墨西哥)的目标,首先是让公司高层领导看看他们自己的个人价值观——他们生活中的个人目标是什么,他们想要创造什么。

"人们对于企业目标的认知经常与他们自己的个人目标脱节。"多夫·范登·布林克说:"如果你想让领导者发现企业的目标,那就必须先从个人开始。我发现当人们谈论生意时,他们会关注利润;但是当你第一次让人们思考他们的个人目标——他们在个人生活中真正想要的是什么时,奇迹发生了,大多数人的生活目标不仅仅是赚钱。"

从审视个人目标开始,多夫·范登·布林克的团队最终得出了公司可以"帮助墨西哥发挥最大潜力"的想法。在某种程度上,这种认识导致了一个新的目标表达:为了更好的墨西哥大获全胜。

激活这一新目标的首次尝试是大胆的。在墨西哥,妇女面临的暴力行为是一个主要社会问题,而且已经被广泛接受为生活现实之一。根据一项研究,63%的15岁以上的墨西哥妇女经历过某种形式的性别暴力,其中可能包括身体暴力、性暴力、情感暴力或心理暴力。2015年BBC新闻频道报道,在墨西哥每四分钟就有一名妇女被强奸。

喜力啤酒的一个品牌Tecate被认为是首屈一指的"男士啤酒",曾经在广告中和日历上登载充满诱惑的半裸女性。该公司决定正视暴力侵害妇女的行为，重新定义新的男性气质，以支持公司的更大的目标——创建更好的墨西哥。

首先，他们刊登了一则反对暴力侵害妇女行为的大胆的电视广告，广告的结尾说道："如果你是一个虐待女性的男人，你就不是我们中的一员，也不要买我们的啤酒。"这是真诚的，虽然有些生硬，也有点冒险。你还记得最近什么时候看到过一个品牌的广告说"不要购买我们的产品"吗？但广告和随后的社交媒体活动毫无疑问地表明，喜力是认真地"为了更好的墨西哥大获全胜"。那年晚些时候，他们刊登了关于"不"的广告，意思是将"不要"作为升级版男性气质的总体目标的一部分。公司内部在激活目标方面的反应以及对喜力认真对待"更好的墨西哥"的反应非常积极。

在多夫·范登·布林克的领导下，喜力（墨西哥）所具备的社会意识和对其所在地区的支持，展示了一个拥抱全球目标变革的公司的应有形象。公司的基本价值观把员工、客户和其他利益相关者（包括股东）联系到了一起。

墨西哥是喜力全球增长最快的市场之一。为了应对近年来的这种势头，该公司宣布了一项重要的投资计划，以加速产能扩张。据报道，喜力（墨西哥）需要在2017年底之前扩张产能。母公司喜力还指出，拉美市场以及墨西哥淡啤酒Sol实现了两位数的收入增幅，这使其2016年的收入增加了3.5%，营业利润增加了6.9%，净利润增加了16%。

虽然这个新的、更注重目标的方向对业务的影响仍有待评估，但像喜力（墨西哥）这样试图以积极的方式影响社会结构的行为，充分说明了未来的发展方向。我们相信，在目标变革中，那些愿意大胆表明立场者将会得到回报。如果您的目标是真实的，它会引起共鸣。

如何获取目标优势的最佳实践

- 诚实地评估贵公司的立场以及在目标变革中它应如何定位。您能否快速定义公司的目标？它如何被实现和激活？
- 思考您关于目标的业务案例。您能和其他领导者一样清楚地阐明贵公司的目标以及这一目标对您的客户和社会有什么影响吗？
- 研究您所在行业的其他公司，了解它们如何开启目标变革。关于目标有什么争论出现在会议、谈话或行业相关事件中？
- 了解其他行业的目标驱动型公司，特别是那些全球性公司。
- 想想您的个人价值观以及您的个人价值观如何为您的组织目标做出贡献。您有发现工作可以实现您的个人价值观吗？即使您不是高级领导，您是如何在您的团队或所负责领域中推动目标的？
- 如果您的公司尚未确定其真正目标，请考虑其行为、产品或服务如何直接或间接地发挥社会作用。
- 揭示您公司的理想目标。您认为它是什么，即使还没有更大的组织来证实它的可信度。
- 在公司传统的基础上，讨论您公司的历史故事、创始人的故事，以及如何让故事更加饱满。
- 寻找机会支持公司所在社区的一项事业。

| 第二章 |

第一步，找出您的目标

领导者、组织和公司在社会公益时代必须进行的第一步是清楚地找到并说出自己的目标。一旦明确了目标，您的工作就是将其视为核心。我们的意思是您必须遵循您所宣称的目标：如果它不能真正推动您的业务，那么仅仅拥有目标是不够的。如果公司希望缩小目标差距，它们的领导者就要对它们实现目标的方法持开放态度。它们应该可以自由地宣扬一项道德使命——一种对目标导向的行为的正当感和自豪感。这种行为不仅能对公司的业绩产生积极影响，而且能对世界产生有意义的影响。

我们需要克服我们的任何恐惧，勇敢地说出我们关心客户和社会的当前及未来的利益，并积极地将目标转移到我们的业务中心。公司首先需要发现其工作背后隐藏着的真正目标，并在整个组织中激活它。

我们常常想到一位名叫迈克尔·艾斯利（Michael Eesley）的首席执行官。他于1999年在伊利诺伊州西北部的农村地区接管了两家名为Centegra Health System 的医院。当时医院的患者满意度和临床质量都很一般，员工敬业度也相对较低。在新任首席执行官的带领下，董事会提出了一个强有力的愿景：成为中西部的一家终极目的地医院，拥有像梅奥诊所（妙佑医疗国际，Mayo Clinic）一样的临床质量和像丽思卡尔顿酒店一样的服务声誉。考虑到医院在这两个方面的历史表现，这种伟大的愿景几乎是可笑的。

艾斯利本可以将这些目标作为一种良好的商业策略来实现，事实的确如此。提高患者满意度和临床质量将为医院带来更多业务，确保为员工提供更好的工作保障，并为艾斯利本人带来好处。但是，在这次转型的早期关键阶段，他要求他的员工把这种目标与一项道德使命紧密地联系起来。目标是变革的中心，而不是边缘。

像梅奥诊所一样追求临床质量并不只是因为它能带来好生意，还因为农村社区的人也应该拥有获得健康生活的机会，能够像那些住在距离梅奥诊所几个街区的人一样，在心脏病发作时获得高质量的护理。提供像丽思卡尔顿酒店这样的服务不仅是为了让客户回归或提高净推荐分数，更重要的是他们认为那些在生命中最脆弱的时候来到Centegra Health System医院的人应该得到不低于一家出色的五星级酒店能提供的尊严。

在随后的十年中，Centegra Health System医院逆势而上，转变为临床质量和患者满意度的区域领导者。Centegra Health System医院因优质服务而获奖，并成为多个临床领域的百强医院（这在美国农村医院系统中非常罕见）；它在患者满意度方面进入了医院排名的前1%，员工敬业度飙升。随之而来的是商业上的成功，但它确定了一个明确的目标，并将其视为所有业务的中心——让患者和社区的生活与众不同——看样子它已经很好地掌控了方向。

每家公司都有两个目标

作为领导者，我们要问的一个关键问题是：我们的团队成员和客户如何定义目标？我们相信，就目标而言，实际上有两个因素是重要的，必须被激活。您可能会将它们视为两个目标或硬币的两个方面。第一个目标关乎我们与客户的基本关系。我们是真的像关心利润一样关心他们的福祉吗？第二个目标关乎社会——帮助社会解决其关键问题，包括推进建设一个更可持续发展的星球。事实证明，我们的员工非常关注这两个目标，因此我们最好确保能够同时激活这两者。

德勤每年都会对一系列主题进行调查，以了解经济和商业领域的当前趋势、变化和问题。在其 2014 年的目标文化研究中，德勤发现，专注于目标而非利润的公司能"建立商业信心并推动投资"。它特别关注的一个问题是员工如何定义和理解目标。当被问及什么使公司"以目标为导向"时，员工最有可能提及产品和服务对客户产生的积极影响（89%）以及公司对社会的影响（84%）。换句话说，员工认为客户和社会总体而言都很重要，但公司与客户的基本关系相对更为重要。

您的客户是您的主要目标这一事实是有道理的。本质而言，如果没有客户，企业就不可能存在；没有企业，客户就会失去改善生活的所有优质产品和服务。目标导向的公司能在交易层面之外与客户建立更深层次的关系。它们了解客户的价值观，知道什么对客户而言是重要的，客户是什么样的人，客户相信什么，客户代表什么，以及客户对公司品牌的期望和需求。相对于聚焦向客户推销，在目标变革中茁壮成长的公司更专注于与客户建立联系。

您的第二个目标是关于社会的——在一个更大的社会，您的公司如何成为公益的代言人。目标驱动型公司认识到它们是全球社区中有意义的成员，而不是没有影响力的外部机构。它们有意识地了解并面对世界面临的问题和事件，表现出勇敢的立场并支持它们所信仰的事业。它们付出真正的行动，将时间、精力和资源用于重要事业，使目标得以实现。

当然，目标这块硬币的两面并不相互排斥。如果说目标变革到目前为止教会了我们什么，那就是当公司被注入目标时，它们会影响所有利益相关者，包括直接的利益相关者，如客户，以及间接的利益相关者，例如公司所在的社区。这个想法在全球范围内传播：客户做好事对世界有益，反之亦然。通过首先满足客户的需求和愿望，您的公司可以开始产生重大的直接影响：今天影响的是您的客户，明天影响的就会是世界。然而，如果无视它们，您会陷入危险境地。

富国银行：未能执行基本指令

当涉及目标时，为客户做正确的事情是每家公司的主要指令。这话说起来容易。回想一下，超过 70% 的员工表示，他们所工作的公司对自身的需求比对客户的福祉更感兴趣。当我们未能实现这一核心目标时，它会带来真正的麻烦。

2016 年，富国银行经历了一场公关噩梦。该银行发现员工未经同意以客户的名义开设账户。随着丑闻的爆发，该银行的股价暴跌，员工开设新账户的不道德故事持续被曝光。这场危机确实是一场公共丑闻，那些在那里工作的人也深深感受到银行内部的使命感受到了挑战。

富国银行的两位中层领导告诉我们，他们是多么失望，甚至说

"这不是我们认为的我们所服务的银行"。其中一人告诉我们:"现在当我外出的时候,我不得不羞怯地告诉别人我为富国银行工作,而我曾经以此为傲。"他们继续解释道,他们总是觉得银行把客户的利益作为首要任务,他们热切地希望这场灾难只是一小群流氓领导的工作后果。

事实证明并非如此。据透露,超过 200 万个假账户是未经客户许可开设的。此外,这种做法已经根深蒂固:它始于 2011 年,最终有超过 5 300 名员工因创建这些虚假账户而被解雇。显然,富国银行的高管们已经意识到这个问题,并且迫于股东和美国政客的压力,董事长兼首席执行官约翰·斯坦普夫(John Stumpf)在丑闻期间退休。

富国银行忽视了将客户放在第一位,并帮助他们在财务上取得成功的愿景。虽然该公司的宗旨是"一次服务一个客户",希望与客户建立持久的关系,但它未能实现其业务的最基本、最根本性的目标:始终为客户的最大利益服务。在此过程中,公司也未能实现其第二个目标——对更广泛社会的承诺。考虑到银行在世界经济中发挥的巨大作用,它们的行动会产生重大影响。富国银行对其自身客户而言是失败的,也令整个银行业的客户感到失望。

展现您所关注的

与富国银行不同,当一家公司将其客户的福祉与社会责任联系起来时,一种强烈的使命感会在组织中扎根。一个很有说服力的例子是先锋基金,一家相当谦逊的公司,已经发展成世界上最大的共同基金管理公司,并且鉴于目前的增长率,先锋基金可能很快超过贝莱德(BlackRock)成为这个星球上最大的资金管理者。先锋基金始于一个简单而有力的目标：站在所有投资者的立场上，公平对待他们，并为他们投资成功提供最佳机会。

该公司由约翰·博格尔（John C. Bogle）创立，他认为大多数投资者为表现不佳的共同基金支付了太多费用。他不仅开始教育投资者，而且创立了收费最低的基金。

我们在1996年第一次见到博格尔，那时候先锋基金还无人知晓。持续一个小时的谈话让我们确信他是一个有使命感的人，他不仅是为了赚钱，还要为人们带来改变。在接下来的20年里，先锋基金悄然实现了这一目标。虽然经历了金融危机和经济衰退，但该公司不但没有传出过不利的新闻，相反它为低成本的互助和交换基金设定了一个标准，推动整个行业的费用降低，同时保证投资者的资金安全。通过与先锋基金团队成员的互动，我们了解到这样的目标为他们带来了什么样的优秀人才，而且先锋基金的投资者资金流失率也是最低的。

另一个很好的例子是日产（Nissan）的零死亡目标，其重点是生产安全的汽车，以至于没有人在日产汽车中死亡。日产也被认为是零排放汽车制造行业的领导者，但该公司仍然将消费者放在首位。公司简洁的企业愿景——"丰富人们的生活"，直接说明了这一事实。为了实现丰富人们生活的目标，零死亡率是一个大胆、鼓舞人心的表达。公司可以站在电动汽车的最前沿，减少导致气候变化的气体排放，这是对其次要目标的承诺。但确保人们在其车辆中的安全性满足公司的主要目标——对客户的承诺。

将客户作为主要目标的本质可以总结为一个词：关系。它不再是将品牌与客户联系起来的交易，而是基于共同价值观和理想的关系。有目标的公司通过开发互动平台，为共同理想投入时间和精力，并为客户提供直接体验公司目标的机会，与客户建立更多的个人关系。这一运动使公司和客户的关系不再是"我"和"他们"，而是变成了"我们"，公司与客户能够合为一体。

目标领域顶级营销公司 BBMG 的创始合伙人拉斐尔·本波拉德（Raphael Bemporad）亲身经历了这一转变，并乐于将其作为目标变革的一部分。BBMG 与一些世界领先的数据挖掘者合作，以了解全球消费者的新兴趋势。本波拉德认为，多年以来，商业模式主要集中在基于折扣和广告的"噱头"上，以近乎"欺骗"的方式吸引人们购买。然而，一流的目标组织"放弃了营销和噱头，转而支持关系"。本波拉德看到公司与利益相关者，特别是与客户的关联方式发生了翻天覆地的变化："我们正在从产品优先转向关系优先。"

直到最近，很多公司才发现将客户与它们的产品和服务联系起来的重要性，尤其是单向交易型公司。我们制造产品，告诉客户这些产品的好处，然后试图让他们购买这些产品。可口可乐公司董事长、前首席执行官穆塔尔·肯特这样表述这一点："在过去，你制作了一个好产品，保障其质量高和口味佳，然后它就会变得受欢迎。所有你需要做的就是通过广告很好地宣传推介产品。"当然，好的产品仍然很重要，但现在真正的相关性来自与客户最深层的价值观建立真实关系的能力。

开始激活目标

我们已经确定了最好的公司和领导者发现并激活其更高目标的三种方式：他们意识到他们的生意是他们的事业，他们调整目标使其与业务匹配，并激活员工的个人目标。无论您是高层管理人员还是刚离开大学的新员工,这样三管齐下会使每名员工的行动和思维融入目标,同时为更美好的世界做出贡献。

您的生意就是您的事业

虽然有一些例外,但我们认为几乎每家企业都有其固有的目标,其产品或服务本身就有可能以某种方式使世界变得更美好。大多数组织的创始人的创业都是出于干一番事业,或者满足一项需求或者实现一个理想。他们希望为问题提供解决方案,他们肩负使命。我们发现,那些被领先目标导向的最佳公司从不偏离它们的使命,它们专注于它们是谁,它们做了什么,以及它们将去哪里。了解您的业务并坚持所支持的价值观,是构建公司更高目标的起点。

例如,Bimbo Bakeries USA 为人们提供了一个非常高尚的开端。它的使命和宗旨建立在传统品牌的基础上,这些品牌可以追溯到 19 世纪和 20 世纪初,以产品新鲜而闻名。对 Bimbo Bakeries USA 来说,这就是"我们新鲜和有价值的历史传统的开始"。该公司的宣言是美味和有营养的烘焙食品、所有人手中的小零食。请注意这个宣言如何与一个更大的目标——从烘焙食品变成超越食品本身的道德要求——发生联系:"美味和有营养""所有人手中"的用词凸显了公司的期望,不仅它的食物味道好,而且它可以为尽可能多的人提供食物。然后,它在目标描述中更进一步:建设一家可持续、高效和人道的公司。通过这样做,Bimbo Bakeries USA 与员工和客户建立了联系。

目标和使命一样吗?

使命声明是否与目标声明相同?虽然它们有时可以相同,但我们认为它们存在一个有意义的差异。使命声明解释了公司的作用，而目标声明则描述了公司为了所有利益相关者现在和未来的利益而存在的原因。

　　回想一下喜力（墨西哥）的例子，以及"为了更好的墨西哥大获全胜"和"大获全胜"的潜在差异。公司可以有一个简单的使命，但这不符合新兴人才和客户定义目标的方式。虽然公司可以有两种不同的声明，一种是使命声明，另一种是目标声明，但我们发现最有效的使命声明就是目标声明，无论是对团队还是对整个组织。例如，阿迪达斯和耐克的使命声明就是很好的对比。

　　阿迪达斯致力于成为体育用品行业的全球领导者，并将其对体育和运动生活方式的热情注入品牌。其使命声明反映了这一理念：我们致力于不断强化我们的品牌和产品，以提高我们的竞争地位。尽管耐克也有类似的使命，但它的使命声明包含了更深层的目标：为世界上每一位运动员带来灵感和创新。［传奇的俄勒冈大学田径教练、耐克联合创始人比尔·鲍尔曼（Bill Bowerman）说："如果你有一个身体，你就是一个运动员。"］这个声明激励了公司并延伸到了公司所提供的基本服务和公司的能力边界之外。

　　许多使命声明是目标声明，但在某些情况下，二者在促进人们参与社会公益时代的方面存在很大差异，而这才是目标变革的核心主题。这并不是说阿迪达斯不受目标驱动，而是说语言的对比有助于我们理解二者之间的微妙差异，以及为什么清晰明确的目标很重要。

　　由于团队可以像公司一样有目标，所以不管您是什么级别的领导，这项工作对您而言都很重要，即使您的公司具有令人信服的目标，每位领导者和每个团队确定其目标的关键都在于真正为客户和社会做出更好的事情。

如果您的组织尚未具有明确、引人注目和受欢迎的目标,您可以为您的团队设定一个,它将会带来积极的结果。

◎ 练习:制定公司/团队的目标声明

我们经常与公司合作,确定其更高的目标,帮助其在使命声明的基础上建立目标或制定单独的目标声明。我们首先让他们问自己关于他们组织的问题,然后在他们的回答中寻找模式。在开始思考公司或团队的更高目标以及如何创建目标驱动的使命声明前,请思考以下问题并写下您的答案。

- 我们的公司/团队为什么而存在?我们对员工、客户、社区和地球做出了哪些贡献?我们如何让世界变得更美好?
- 我们公司的背景是什么?公司为什么而成立?谁是创始成员?他们的使命和愿景是什么?我们的创立目标以及初步成功给我们什么启示?作为一家公司我们的真正身份是什么?
- 我们的发展历程是什么?它的哪些方面对我们的成功至关重要?历史上的哪些时刻或哪些人真正地定义了我们公司?
- 使用您现有的公司目标声明,或者从上面的问题开始写一个简单的目标声明,然后使用以下标准评估您的声明的质量,并按1至3的等级对其进行评级,其中1为假,2为部分真实,3为真实。

在此处写下您公司或团队的目标声明:

_____
_____
_____

声明质量评估：

_____**真实**。这是真实的，与我们是谁相关。

_____**引人注目**。它激发了人们的兴趣并促使人们改变现状。

_____**与您真正做的一致**。它真正符合我们的业务、使命和价值观。

_____**可扩展性**。组织的各级员工都可以与它相关联，并使它成为自己的目标。

_____**可以实现的**。这是现实可行的。

_____**将我们与想要吸引和留住的人才联系起来**。它符合员工和新人的利益和价值观。

_____**与我们的客户建立联系**。它符合我们客户的利益和价值观。

_____**与我们的投资者建立联系**。它符合我们投资者的价值观。

_____**总成绩**。

得分：

低于16分：存在进步空间；

17～20分：不错的成绩；

21～24分：优秀。

您哪一项得分高？哪一项得分低？与其他领导或您的团队一起进行该练习。比较分数并生成团队平均值。讨论如何获得更高的分数，使用什么方法能提高您目标声明的质量，以便您有一个重要的目标！

使目标适合您的业务

每家公司的关键任务都是找到真正适合其独特业务的目标。公司知道它们无法解决世界上所有的问题，但它们发现它们的业务与社会和环境之间存在联系，它们的目标可以围绕它们可以影响的公共事业而设立。以目标为中心的公司专注于它们最擅长的方面，并提供它们的产品、服务或专业知识，以支持更重要的事业。

最好的公司知道它们在目标上最适合的位置，以及它们如何利用它们提供的产品或服务来促使社会更美好，帮助它们所在的社区，并且不忘保护环境。花一点时间问自己：适合我们的位置是哪里？我们如何利用我们的业务实现社会福利？我们的社区需要什么？我们可以为它们提供什么？我们对环境的影响是什么？

我们从可口可乐公司看到了这一点。这家公司具有悠久的可持续发展历史，对于其更高的目标如何在社会中发挥作用有着深思熟虑的方法。例如，可口可乐没有制药，但在通过 Facebook 与援助工作人员联系后，该公司发现它可以利用其供应链专业知识帮助分发药物，以改善其经营地所在社区的居民的健康状况。可口可乐董事长、前首席执行官穆塔尔·肯特非常理解这种通过社交渠道的对话对社会利益的重要性及可能性："社交媒体是这种新商业模式的主要驱动力。当我们每天发布一万条推文时，整个游戏都将发生变化，所有企业都需要关注这一点。"

目标主导的组织在弄清楚它们如何适应潜在的社会变革之后，最佳做法是将其更高的目标提炼为明确的指标和机制，以便在内部和外部报告结果。例如，可口可乐的目标是在思想、身体和精神上唤醒世界的活力，通过品牌和行动激发乐观和幸福的时刻。可口可乐也用行动展示自己的目标。肯特在最近的一篇文章中描述了可口可乐的社会责任努力："可持续性对我们来说并不陌生，但我们一直在加强对它的关注。我们优先考虑以水、妇女和福祉为中心的计划，这三项计划对我们的业务至关重要。"

看看可口可乐的优先事项之一：水。我们看到了这种想法已经被付诸行动。专注于水很自然地与该公司的业务贴合，因为该公司的主要产品是在世界各地使用大量水的饮料。该公司启动了一项明确的水资源管理计划，该计划围绕用水效率、补水和废水这三大使水安全地返回自然环境中的支柱展开，这三大支柱已应用于瓶装水生产。

该公司为每一个与水相关的支柱制定了可衡量的目标，将行动计划和年度报告详细地列示于可口可乐公司的网站上。例如，用水效率计划的目标是："到2020年，与2010年相比，将制造业务的用水效率提高25%。"该网站的信息表明，用水效率计划有望实现其目标："2016年，我们将用水效率提高了2%。自我们开始将用水效率进展作为一个全球系统进行报告以来，这一数字已大幅上升。"该计划对社区非常重要，并与可口可乐公司的业务保持一致。

但是这个"唤醒世界的活力"的核心理念又如何呢？可口可乐的饮料一直令人活力焕发，但其声明中所表达的乐观和幸福时刻并非与其产品有关。相反，这种乐观和幸福时刻来自在提供这些产品的过程中可以实现的目标。对员工和客户而言，此目标与公司制造的产品和制造方法相匹配。我们可以讨论含糖软饮料的好处和弊病，但如果问任何经常饮用该产品的人，他们会告诉你，对他们来说可口可乐会令他们焕发活力。

所以，目标并不总是取悦每个人，但它对您想要成为的核心人物有更好的作用，也能让世界更美好（例如公司与水相关的努力）。在这一点上，唤醒新的快乐和幸福与更加情感化的目标相关联，这种关联比产品自身产生的更深入。

智慧地球：现在有一个合适的目标

有时候，公司可以找到一些能够完美表达其目标以及为其核心业务服务的话语，在可能的情况下这确实是最理想的。IBM 在如何寻找这种目标方面有着深刻的洞察力。该公司的愿景"智慧地球"旨在利用新技术和智能系统，实现"更智能的电网、更智能的食品系统、更智能的用水、更智能的医疗保健和更智能的交通系统"。例如，该公司的智慧城市计划旨在发展更环保、更有活力的城市。

智慧地球起初只是作为一种公司策略，但随着时间的推移，它开始变得更像是公司的核心：为世界上的主要问题开发创新解决方案。正如公司社会责任副总裁兼 IBM 基金会主席珍·克罗泽（Jen Crozier）告诉我们的那样，"它与我们正在做的事情完全一致，它超出了我们想象的范围"。该计划的一个成果是"深蓝"（Big Blue）——IBM 的超级计算机，现在正在探索如何利用信息通过知识整合来实现更好的医学。

智慧地球之所以有效，是因为它专注于 IBM 向全世界提供的主要产品。由于该公司很久以前就把重点放在家用电脑和硬件解决方案上，因此它重新聚焦于利用知识和创新来解决世界上最紧迫的问题。对 IBM 而言，管理数据以实现业务成功与管理深蓝等大型应用程序一样容易。克罗泽已经在公司工作了近 20 年，她在通过智慧地球战略为公司注入活力这条道路上处于领先地位。

"这真的开始为 IBM 员工注入活力，并且在某一时刻，"她告诉我们，"员工们开始创建他们自己的视频，了解他们在 IBM 所做的工作，以及他们如何亲自为更智慧的地球做出贡献。然后我们开始听到这对客户和社区如何产生影响的故事。媒体开始参与宣传，最终人们真的主动来敲门，想要为我们工作。"

练习：选择您的公司适合的定位

像可口可乐和IBM这样的公司已经确定了如何根据自己的优势、产品、服务甚至基础设施来做到最好。两者都是拥有庞大数量员工和大量资源的大公司，但它们行动背后的想法可以应用于任何规模的企业。无论您的公司是初创企业还是《财富》500强企业，请自问以下问题，以确定如何最好地使目标适应您的组织。

1. 谁购买您的产品、使用您的服务，并希望为您工作？

2. 谁是您的客户、员工和投资者？

2.1 他们对您的期望和需求是什么？他们在乎什么？您的目标如何反映其价值观和事业？

2.2 您对他们对社会和地球的期待和愿望有多少了解？他们想要什么样的世界？

3. 您如何采购、构建和交付产品或服务？该过程如何符合您的客户、员工和投资者的价值观？

4. 您服务的社区是什么样子？

4.1 社区中存在哪些需求、问题和挑战？您怎么能扮演重要角色并发挥作用？

4.2 您能和谁合作？还有谁对您所在社区和环境的福祉有既得利益？

您的回答将帮助您清楚地了解您的业务目标。我们发现许多人从未停止思考这些问题，但是当他们这样做时，他们能够看到公司的更大利益及他们自己的个人贡献。一旦他们发现了他们可以产生的真正影响，他们甚至会以不同的、更积极的方式看待他们的工作和组织。您可以成为变革的推动者，无论在哪里工作，您都会产生满足感和兴奋感，影响周围的人并改善业务成果。

发现员工的个人目标

公司发现并激活其目标的第三种方式是帮助员工在工作中激活自己的个人目标。我们知道，员工将工作视为寻找生活意义的地方。将公司的更高目标与日常工作联系起来是实现这一目标的一种方式。然而，我们发现那些最擅长目标导向的公司增加了一些额外的东西：它们明确关注它们的更高目标，但它们为员工找到并发现自己的个人目标留下了空间，然后它们帮助他们采取行动。

让员工围绕他们的个人目标开展活动，帮助他们更多地与工作联系起来。无论是直接地还是间接地，他们都发现了投身于对他们真正重要的问题的价值。公司帮助员工为事业做出贡献，可以使员工产生被尊重感和忠诚感。

启动这一计划的一种方法是支持整个组织的员工研讨会，致力于寻找意义和目标。我们的一些客户根据自己的个人目标设计"故事板"。把故事板想象成一部对您来说重要的电影。想象一下，制作一部关于是什么赋予您目标的电影，确定那些赋予您生活和工作以目标的元素。在进行自我发现时，员工更多地关注公司目标和工作背后的深层意义。员工的想法经常来自这些可以推动组织发展的经验。例如，此类研讨会的战略和行动计划可以帮助团队将组织的工作重点放在共同的事业上。

我们常常看到公司试图让员工直接与公司目标相联系，而不考虑他们的个人目标。虽然在某些方面这是有必要的，但这不是最好的开始。要激活目标，您需要从底层开始，而不是从顶层开始——将人们与个人目标联系起来，帮助他们发现对他们来说最重要的事情。

全食超市（Whole Foods Market）的联合首席执行官约翰·麦基（John Mackey）已第一时间了解了这一内容。麦基认为，尽管雇用致力于实现公司价值观和目标的人是很重要的，但要真正释放他们的潜力，公司需要重新设计他们的工作，使其更有意义，并帮助他们发现他们的内在动力。在一次采访中，他说："人们想要的不仅仅是谋生。他们想要意义，他们想要目标，他们希望自己的工作能够改变世界。"

在他的《有意识的资本主义》（Conscious Capitalism）一书中，麦基和合著者拉吉·西索迪亚（Raj Sisodia）继续指出："要挖掘人类动力的深层源泉，公司需要从利润最大化转向目标最大化。"我们理解这种转变可能很困难，因为目标和利润之间存在微妙的平衡。

练习：激活其他人的目标

个人价值观和意义是比组织价值更大的激励因素。与您的团队成员讨论他们的价值观，以及他们在工作场所内外的生活目标和意义。

了解员工的价值观和目标

- 在工作之外，您对生活中的什么充满热情？您喜欢做什么？
- 您在乎什么？什么对您很重要？您的价值观是什么？您最看重什么？
- 是什么让您在工作之外感到有动力和有意义？
- 您的工作对您有意义吗？您的工作有什么让您感到与众不同？

指导和支持您的员工

- 组织可以做些什么来帮助您把工作与您的价值观联系起来，无论是在职场内还是在职场外？
- 您想在世界上创造什么不同？组织内外的哪些工作或机会可以帮助您做到这一点？
- 组织可以做些什么来让世界变得更美好？您有什么想法来帮助我们做到这一点？

根据员工的个人和职业生涯发展计划，积极支持员工的目标

- 无论在组织内外，将团队成员的目标愿望纳入学习和发展目标。
- 探寻与您的团队成员的价值观和目标相关联的角色、岗位和任务。
- 为员工提供空间以识别自己或他人的新机会。
- 在人们达到里程碑或完成与其目标和意义相关的任务时，识别他们。
- 让员工有机会与团队分享或展示与目标相关的工作案例。

小心目标这个双头怪

聚焦利润和聚焦目标之间的这种紧张关系可能对领导者构成挑战。托马斯·科尔斯特（Thomas Kolster）是丹麦公司 Goodvertising Agency 的创始人兼创意总监。这是一家业内领先的咨询公司，着重于解决如何沟通目标和可持续性的问题。科尔斯特使用他称之为"目标双头怪"的比喻来讨论这个目标/利润平衡行为。

如果您把目标和利润看作两个头在说话，每个头都用自己的语言并且都朝着自己的方向前进，那么您就会陷入危险的境地。科尔斯特解释说，这个问题的产生是因为公司内部和外部都有相互矛盾的与目标相关的信息。他使用电影和民间传说来定义公司在目标和利润分歧方面的常见错误。他定义了三种类型的双头怪。

在皮克斯出品的电影《怪兽大学》（Monsters University）里，你可能还记得泰里（Terri）和特里·佩里（Terry Perry）这个双头怪。泰里的头比特里的头略小。现在，哪个头的声音淹没了另一个的，是目标还是利润？哪个组织的声音最大？这个怪物可能是最常见的怪物，且在仍努力实现目标的组织中是典型现象。例如，石油和天然气公司倾向于谈论目标和引导社会走向可再生的未来，但它们一直未能在商业模式上将其贯彻到底。它们的利润压过了它们的目标。

第二个双头怪是著名的杰基尔（Jekyll）博士和海德（Hyde）先生，它更虚幻。它在白天表现良好，但在夜晚的黑暗中，纯粹的利润使其丑陋的头重新抬起。此类公司通常会编织一个伟大的故事，但往往无法通过员工和客户的真实性测试。例如，大众汽车公司一直在谈论关于清洁柴油的好概念，同时设计软件在排放测试中做手脚。

第三个怪物值得关注：超人。把克拉克·肯特（Clark Kent）看作您的普通公司。在正常的商业交易中，您不会指望它有什么特别的表现，但是当遇到麻烦时，它很快变成超人，承诺拯救世界。这是一个意想不到的转变，对大多数人来说很难相信。

科尔斯特说，他在那些加入目标潮流的公司中多次看到了这个超人怪物，从看似毫无目标到大肆讨论某个目标。问题是它们感受到了被迫和迷茫。他还看到了那些有着完善目标的公司中的超人情结，但它们经常对所做的所有好事保持沉默，然后突然发出强烈的声音。它们需要始终如一地为员工、客户和投资者树立它们的目标。

科尔斯特所建议的避免遇到目标双头怪的方法是 KISS：保持（keep it）简单（simple）、愚蠢（stupid）。想想这三个怪物，哪个是您公司中最活跃的：

- 目前最响亮的声音：利润和目标的竞争。
- 杰基尔和海德：白天很好，晚上很邪恶。
- 超人情结：承诺太多或过于谦虚。

不管您领导什么层次的团队，您可以亲自做些什么来帮助解决组织中的双头怪问题？您如何明确目标，并确保在必要时组织能够获得利润？

别害怕展示您的激情

当您明确了公司的目标并将其移至组织的中心时，您就在更深层次上与您的员工和客户建立起联系。如果您不清楚或者您没有在整个组织中编织目标，表达您为此目标所拥有的激情，您会得到一个不冷不热的承诺。如果您有一个有吸引力的清晰阐释，且这个阐释能显示您的目标是真实的，适合您的业务，并有助于您的成功，人们将认可并关注您，无论他们是您的团队或公司范围内的客户还是员工。

例如户外服装和运动装备公司 Patagonia。它的业务是它的事业，以"热爱原生态和美丽的地方"为中心。公司致力于保护自然栖息地，减缓环境衰退，倡导恢复和维护地球的健康。为了利用其对环境的影响，该公司向基层环保团体捐赠至少销售额的 1% 或利润的 10%（取较大值），以支持全球的保护工作。在 Patagonia 购物时，客户能感受到自己与公司的历史和事业发生的联系。当他们走出商店时，他们不仅穿着其衣服或配备其装备，他们也成了Patagonia的使命参与者。

那些有明确目标的公司把它们的客户和员工的价值观，做正确的事情放在第一位的承诺，以及采取坚定立场宣扬道德使命，都融合到一起，使之成为一种生活方式。

作为一个自称"激进主义的公司"，Patagonia在环境事业方面保持着开放的领导地位。人们访问其网站可以看到其支持当前事业的口号，例如，"保卫熊耳国家纪念区"。在这种情况下，公司提供多媒体演示，以告知人们有关事件以及如何参与。毫无疑问，任何人都会想到它的使命是什么。该公司是真心实意的。它代表着它的原则，它通过行动言行一致地展示目标，投入时间、资源和力量来支持其所珍视的事业。可见激情才是关键。

我们想起了我们与世界上最大的公司之一的首席执行官会面时，谈论他的公司在目标和可持续性方面的努力。他的公司一直是这方面的领导者，在采访前我们充满期待。我们期待一段充满激情、鼓舞人心的言论，即企业如何在创造我们的孩子想要的未来生活方面发挥作用。但相反，我们得到了一段波澜不惊的陈述，但这说明了做好公益就是做好生意这一观点是有道理的。

我们被告知，"千禧一代"需要目标，人才需要目标，而社交媒体正在放大这些"趋势"。然后他不顾一切地告诉我们"这不是某种道德运动，这只是一个好生意"。我们知道，做好事和有目标就是好生意，但对生意有益的东西并不一定是鼓舞人心的。我们决定更加努力地启发他，希望他公司决策背后所蕴含的内容远远超出关于目标的商业案例的范畴。

随着采访的进行，我们对他施加了一些压力，并提出了更集中、更深刻的问题。最后，他说："好吧，我们都可以看到它根本不起作用！我们都希望我们的孩子能够吃到我们可以吃的同样的鱼，享受我们可以享受的生活。"虽然采访仅仅进行了一个小时，但公司努力背后的真正热情已经浮出水面。突然间，我们感受到了灵感。他的语言发生了变化，因为他进一步谈到了可持续发展以及公司有意识的决策——这些决策与财务指标之间的联系很少，更多的是与其目标相关，这也是其开展业务的首要原因。

入门很困难，激活目标很棘手，但了解您希望嵌入组织的目标将使您走上正轨。无论是从制定强有力的目标声明开始，还是从回答关于核心价值观的问题开始，激活目标并倡导您的使命都会使您的公司团结在变革之中。

我们在第三章中更多地讨论激活目标的力量，我们简单地称之为"由内而外地推广品牌"。目标永远都不仅仅是一种外部营销策略，我们的领导者和员工最终决定了目标是否具有生命力。

关于将目标转移至中心的最佳实践

- 了解您的公司并明确地表达它真正的服务是什么，包括它为什么而存在，以及它为客户、员工和社区提供什么。
- 如果您的公司只有使命声明而没有目标声明，那么是时候确立一个了。更好的做法是，如果可能的话，写一个由目标驱动的使命声明，说明您的直接目标和一个更高的组织目标。
- 与组织内外的利益相关者亲自或在线进行公开对话，以确定公司如何能被定位为公益代理人。

- 将公司的更高目标提炼为定义明确的计划，并提供明确的目标、指标和报告机制。
- 即使您公司的产品或服务没有直接为更高的目标做出贡献，也要考虑一下您可以与之产生关联的方式，即使它更像是您核心业务的附属品（如可口可乐的例子）。
- 通过考虑您的客户、员工、投资者的价值观以及他们对贵公司的期望，发现如何最好地使您的业务与目标相匹配。
- 通过为员工关心的事业做出贡献或努力来实现他们所关注的目标，帮助员工激活他们的个人目标，并将此个人目标转化为整个组织的可行策略和行动。
- 不要害怕呼吁道德支持，要大声、清楚地说明您关心客户以及社会的现在和未来利益。

| 第三章 |

品牌宗旨外部化

2016年，我们Izzo Associates公司对包含各个行业的各级企业的3 000位领导者进行了调查，询问他们在高级领导层中最常讨论的问题。在领导者关注的所有主题中，我们想知道哪些主题始终位居榜首。无论公司大小，我们获得的排在最前面的答案是"改善我们在客户心中的品牌形象"。鉴于大多数公司现在处于竞争激烈的市场，这种反应应该不足为奇，但推动这种对品牌声誉不懈追求的因素不仅仅是竞争。

商誉的重要性

在过去的30年中，企业面临的最重要的转变之一是商誉在企业价值中所占的份额比之前要大得多。商誉是企业公认的信誉，被视为可计量资产，代表企业整体的公允价值超出企业有形资产价值（通常称为账面价值）的部分。换言之，消费者如何看待我们的品牌往往比企业的实物资产对企业价值的影响更大。考虑到现在想从有社会责任感的企业购买产品的全球消费者呈指数级增长，因此公平地说，一家企业的商誉价值千金。

优步：丑闻和商誉损失

目标和社会责任对这个被称为商誉的关键但无形的资产很重要。如果您对此怀疑的话，那就想想优步在2017年卷入的众多丑闻所带来的破坏性影响。

自2011年推出技术精湛的共享乘车和食品配送移动应用程序以来，优步一直因其劳工待遇、隐私问题、用户举报受到性骚扰以及公司文化中有关多元化和性别歧视的系统性问题而受到批评。2017年1月，在由白宫实施的一项广受争议的旅行禁令所引发的出租车抗议活动中，该公司提高了在纽约市肯尼迪国际机场附近的价格。因此一场删除优步的活动爆发了。接下来的一个月，前优步工程师苏珊·福勒（Susan J. Fowler）撰写了一篇关于她在优步工作期间遭遇到的骚扰和歧视的博文，这促使其他现任和离职的女性员工出面分享类似的故事，而这仅仅是开始。

2017年6月，董事会成员大卫·邦德曼（David Bonderman）因在优步员工会议上发表性别歧视的笑话辞职，紧接着20名优步员工因未能解决公司文化中涉嫌性别歧视的相关问题而被解雇。不久之后，首席执行官特拉维斯·卡兰尼克（Travis Kalanick）被优步最大的投资者施压，公司高管埃里克·亚历山大（Eric Alexander）被解雇，原因是他获得了一名据称被优步司机强奸的妇女的病历，而该妇女当时正起诉优步。

在2017年的丑闻中，优步受到了美国司法部的联邦调查，并被谷歌母公司 Alphabet Inc. 的自动驾驶汽车部门提起重大诉讼——控诉优步窃取了其自动驾驶汽车技术。这些事件当然会对优步的商誉造成重挫。据报道，截至 2017 年 4 月，这些丑闻可能使优步的价值减少了 100 亿美元。

时间将证明优步是否能够重新获得客户、员工和投资者的信任，但是在相当短的时间内它几乎被压垮着实令人震惊。硅谷曾经的宠儿正在亲身体验当社会责任和目标被遗忘时会发生什么。不尊重员工，尤其是对女性员工，人力资源部门没有妥善处理关于工作场所性骚扰的报告，对司机的不公平劳工待遇，都导致了一种看似有毒的文化。优步品牌受到重创，其中很大一部分原因是无力或不愿意支持其员工。优步的员工已经说出并暴露了这种负面文化的许多问题。最近在旧金山乘坐优步时，司机甚至问我们："你知道为你讨厌的公司工作是什么感觉吗？！"

今天的组织需要了解员工的力量和重要性以及他们与目标变革的关系。员工希望相信他们正在服务的公司能够激发积极变化，而不是为那些出现在每日新闻中丑闻标题下的公司工作。我们相信员工是公司在社会公益时代蓬勃发展的关键点。当他们说话时，我们需要倾听，特别是他们阐述一个需要解决的问题时。如果我们能够相互灌输支持和信任，他们将成为我们规模最大的啦啦队员和最宝贵的资产，他们能够完成工作，使我们的商誉被全世界的客户和潜在客户所认知。

员工是最好的目标宣传大使

对于许多公司，尤其是大公司，广告、营销和社交媒体是它们试图利用商誉的主要方式。事实上，大多数公司花费了大量资金来说服消费者，使其认为它们是优秀并且值得信赖的品牌。考虑到成本，大多数领导者都会惊讶地发现，客户和潜在客户对我们关于良好的宣传持怀疑态度。尽管 58% 的消费者同意购买合乎伦理的产品让他们感觉良好，但人们普遍对公司道德持怀疑态度。几乎一半（49%）的受访者表示公司通常在一个领域做得很好，但随后隐藏了它们在其他领域所做的坏事。

同一项研究发现，"有一半的美国人认为营销产品是'合乎道德规范的'，只是公司操纵消费者的一种方式"。最重要的是，大多数消费者都知道公司不会告诉公众它们到底是谁。如同大众汽车多年来一直宣传其清洁柴油技术，但该品牌现在已成为排放丑闻的代名词。消费者认为，公司告诉他们的真实情况可能并非如此。

但如果客户不太相信广告，他们相信谁呢？事实证明，与公共关系（PR）活动相比，员工的话对他们而言分量更重。当员工高度评价一个品牌，且客户收到的关于该品牌的信息与员工所说的一致时，这会是一个强有力的组合拳。2014 年爱德曼信任度调查的调查结果显示，相对于公司与客户的官方沟通，52% 的人更信任员工所说的话。换句话说，员工对贵公司的评价对于外人来说比创始人、首席执行官或公关部门向客户、股东和社会公众报告的内容更可信。

我们的团队成员是客户对我们品牌最持久的接触点，如果这些团队成员相信我们公司的优点和目标，那么这一信息将以强大的方式使客户和潜在客户产生共鸣。我们将这个现象称为：由内而外地推广品牌。

由内而外地推广品牌

由内而外地推广品牌的想法很简单：每天，我们的员工，无论是在工作还是下班状态，都会向客户和潜在客户讲述我们的故事。如果为您工作的人相信您的目标并且热衷于倡导您的品牌优势，那么他们会定期传达这一信息。如果他们看到您愿意把钱花在刀刃上，并积极努力实现您的目标，他们就会想要在公司外与人讨论公司的行为和积极属性。他们会为自己的工作感到自豪，并向人们讲述公司为他们、客户和社会所做的精彩事情。您的雇员不仅仅是一群进进出出的员工，他们将成为您的品牌大使。

根据我们的经验，这些品牌大使比广告甚至新闻媒体更加可信。这里有一个简单的例子：约翰已经在全球各地的商业航空公司乘飞机飞行了超过500万英里，但从未乘坐廉价的爱尔兰瑞安航空（Ryanair）的飞机。他曾阅读过有关瑞安航空如何设法削减成本以保持低价格的各种文章，并担心如果廉价座位成为该航空公司的首要关注点，那么它可能缺乏对安全的关注。

在登上马德里的一个航班之前，他遇到了两名瑞安航空的飞行员并与他们进行了一次随意的对话，询问他们为瑞安航空工作的感觉。两位飞行员热情地谈论了他们的经历。其中一位主动说道："尽管我们专注于低成本，但在维护和安全方面，我们对这家公司充满了信心。"约翰在媒体上看到的任何东西与这四分钟的对话相比都显得苍白无力。两位真实的人，在没有任何逼迫的情况下，颂扬瑞安航空专注于保障乘客安全的优点。

约翰多年前与另一家发生致命事故的航空公司的员工的对话则与

之相反。2000年，阿拉斯加航空公司261号航班在南加利福尼亚州海岸坠毁，造成MD-80飞机上的所有88名乘客死亡。人们很快就发现，维修不善和迫使机修工把飞机从机库里弄出来的文化是罪魁祸首。在坠机事故发生后的几个星期，约翰乘坐阿拉斯加航空公司同型飞机经几近相同的一条航线从巴亚尔塔港飞往洛杉矶。

在飞行途中，约翰与两位乘务员进行了一次对话，他们与他分享了一份备忘录——是首席执行官刚刚发出的。备忘录谴责举报人背叛了公司向媒体曝光其对飞机维护的担忧。两名乘务员都对首席执行官表示极度失望。

由于约翰对航空旅行的迷恋，飞机着陆后他向飞行员询问了他们的感受。飞行员告诉他，他们现在正在猜测每个维护问题。他们对航空公司的安全承诺失去了信心。毫无疑问，约翰很庆幸自己已经安全到达，而他再次乘坐飞该航线的班机已经是六年之后。公平地说，阿拉斯加航空公司显然已经在安全和服务方面恢复了良好的声誉，但想象一下员工对公司最基本的目标——安全的航空旅行失去信心所造成的损害有多大。

在公共部门可以看到同样的品牌大使现象。在约翰居住的城市，人们如果有市政服务问题——垃圾收集、水、街道铺设、停车票等，可以打电话给服务中心。约翰曾多次打过电话，代理人似乎总是致力于解决他的问题。有一次，代理人花了30分钟帮助约翰解决公用事业问题并且一直说："没问题，这让我有机会帮助你。"具有讽刺意味的是，在那个电话结束的两个小时内，约翰收到了年度税单的邮件。约翰的第一个想法是把他的税收用在那些真正关心他和他的城市的人的工资上。

鉴于目标发展得如此迅速，已成为人才和客户的理想属性，公司必须努力将团队成员与目标联系起来。团队成员必须相信这些价值观体现在公司以及经理和其他领导者的日常行动中。如果他们不相信，他们就不会保持沉默，他们甚至可能成为品牌的批评者，与任何乐于倾听的人分享他们的负面观点和经验，那么您可能会失去人才、善意和积极的品牌形象，而这可能是您多年来一直在悉心培育的。

为了商誉如何把员工变为品牌大使

鉴于我们的员工每天都有成千上万次机会来传达我们品牌的目标，并且相比于我们的营销努力客户更有可能相信他们，公司似乎应该花费更多的精力来帮助团队成员相信我们的目标。一些公司努力完成这项任务，而其他公司并没有那么投入。

惠普的员工告诉我们，在所有的员工定位中，领导者和人力资源代表都强调公司围绕可持续发展和社会责任的努力，将其直接与公司的创始故事联系起来。从员工任职一开始，惠普就希望团队成员关注品牌的目标。该公司通过所谓的"惠普方式"来表达其愿望、价值观和目标。这些公司目标的核心是对员工的承诺，即"我们通过以下途径回馈员工：基于业绩表现给员工提供晋升和奖励，为员工创造反映我们价值观的工作环境"。

惠普了解员工所拥护的环境和文化必须直接与公司所支持的价值观相关联，它愿意清楚简明地说明这一点。该公司在慈善事业和环境可持续性等公益问题上拥有持久的领导力。

当我们采访金融服务集团宏利金融的前总裁兼首席执行官唐纳

德·古洛伊恩时，他告诉我们，他认为他工作的一个关键部分是帮助团队成员与公司的目标保持联系："通过将客户的需求放在第一位并提供正确的建议和解决方案，帮助人们实现他们的梦想和抱负。"无论是定期讨论公司的产品和服务如何帮助人们实现这些梦想，还是关注道德在保护人们资产方面的重要性，古洛伊恩都明白当团队成员将目标视为业务的核心时，他们最为投入。

为了确保专注于做正确的事情这一道德文化，宏利金融开展了团队成员调查，并询问员工，如果他们提出了自己所担忧的道德问题，他们是否会感到获得了支持。该公司希望确保领导者营造出一种人们习惯于做正确事情的氛围。古罗洛恩重申了公司对客户的承诺，并强调了宏利金融对其员工所珍视的价值观的善意和承诺。

考虑这个问题的一种方法是，我们不断给予我们的团队成员"弹药"，使其成为围绕目标的品牌大使，或者是围绕缺点的品牌批评者。如果我们失败了，我们公司也会失败。我们必须对员工的关注做出回应，了解他们如何体会和理解我们的目标。公司的品牌不仅仅是其产品或服务的支持率评级；它与品牌背后的人，那些促使公司承担重要工作的人、打造商誉的人有着千丝万缕的联系。从内到外积极和富有成效地塑造我们的员工队伍的最重要方式之一是关注我们所谓的"目标一致性时刻"。

目标一致性时刻：友好的天空

熟悉客户服务文献的人都知道"真实的时刻"——客户和公司之间的互动能让客户有机会形成对公司的印象。这些真实的时刻可以让客户终身受益，也可以为一场全面的争论埋下种子。这使得美国联合航空公司的情况特别值得注意。

几十年来，该航空公司围绕一个简单的标语——友好的天空花了数亿美元建立自己的品牌。随后，其联航快运 3411 号航班发生了一起臭名昭著的事件。2017 年 4 月，在乘客 David Dao 拒绝按照航空公司管理层的要求放弃座位后，警方将其从超员预订的航班上拖走。在这个过程中，Dao 遭受了多次伤害，包括脑震荡。他是否有合法权利留在飞机上可能仍有争议，但有一件事是肯定的：Dao 不太可能再次搭乘美国联合航空公司的飞机，他肯定不会再为该航空公司唱赞歌了。

随着强行带走乘客的视频传播开来，媒体对此大肆报道。特别是美国联合航空公司总裁兼首席执行官奥斯卡·穆诺兹（Oscar Munoz）对此的回应不够有力，航空公司运营中的主要问题便随之暴露出来，许多消费者认为他们近期不会搭乘该航空公司的飞机。

有人可能会打趣说，美国联合航空可能需要一个新的品牌口号："友好的天空，直到我们不友好，然后我们变得非常不友好"。当然，这些显示目标一致性真实现状的时刻随时都可以出现，即使在目标驱动的公司中也是如此。我们如何处理这些时刻成为对目标的真正考验。

我们相信团队成员也有类似的关键时刻，在这些时刻他们确信组织要么认真对待其目标，要么敷衍了事。这些验证目标一致性的时刻是决定性的，就像"真实的时刻"，无论是积极的还是消极的，它们往往具有持久的影响。请想想本章前面所述的阿拉斯加航空公司的例子。这次事故以及后来乘务员与约翰分享的首席执行官的备忘录都表明，这是一个检验目标一致性的时刻，也是他们首席执行官的失败时刻。

航空公司最神圣的职责或目标是让人们安全地从一个地方到达另一个地方。如果不这样做会导致真正的不和谐。航空公司员工知道他们所做的事情很重要：乘客的安全和生命都掌握在飞机机组和拥有它的公司手中。首席执行官告诫员工的备忘录，似乎表明他们更关心的是表面上的安全，而不是实际发生的违规行为。这是一个合理的假设，即首席执行官并不打算将其作为信息传达，但事实上这就是它被接收的方式。两名乘务员显然对这一反应感到不安。他们不再是航空公司致力于安全核心目标的积极大使，而成为品牌贬低者或消极大使。这个检验目标一致性的时刻已经失败，并且可能需要相当长的一段时间才会被遗忘。

全食超市的联合首席执行官沃尔特·罗伯（Walter Robb）与我们详细地讨论了公司在目标一致性时刻证明自己的价值观是多么重要。正是在这一时刻，员工才感受到品牌是否真正受到目标驱动，或者他们的价值观是否空洞。在全食超市这样的时刻是很有启发性的。

全食超市的核心价值观之一是环境的可持续发展，正如其使命声明中所述，利用"人类和物质资源，且不破坏个人或地球生态系统的完整性"。除了提供健康的有机食品，该公司还寻求通过使用"包括不破坏生态平衡的材料与认真的施工方法"等手段来减少对环境的影响。1998年，公司总部的翻新项目使全食超市获得了第一个绿色建筑奖，该项目减少了42%的建筑垃圾，并被美国国家环境保护局（U.S.Environmental Protection Agency）赞誉为该领域的纪录保持者。

2012年，全食超市决定通过停止销售未经认证为"不破坏生态平衡"的海鲜来进一步践行其使命。一段时间以来，该公司一直在给适当的海鲜标记上"不破坏生态平衡"的标签，但同样也在继续提供未标记该标签的海鲜产品。在公司看来，向客户提供有关其购买产品是否破坏生态平衡的信息是一回事；由于产品与公司目标不一致，而决定不提供客户可能想要购买的产品是另一回事。

罗伯还谈到了全食超市在做出这个决定时，从团队成员那里得到的善意："如果您的目标是能够实现的，并且您愿意在它还没实现的时候去努力实现它，而不是选择更容易的放弃目标，人们会确认您是真的在贯彻您的目标。"他还告诉我们：您的价值观和目标是多么重要，它们就是一个活生生的文件，这个文件随着时间的推移而不断变大和成长，记载了世界对您造成的改变。因此，尽管仅提供不破坏生态平衡的海产品并不一定是其最初目标的一部分，但过度捕捞愈演愈烈及其对环境的有害影响促使公司采取行动。

目标一致时刻的另一个理想例子是西诺乌斯金融公司（Synovus Financial）的一个案例，该公司被《财富》杂志评为1998年美国最佳雇主。在公司荣登《财富》杂志之后不久，我们访问了其在佐治亚州哥伦布市的总部。我们花了三天时间与公司内部人员交谈，深入了解其最近的荣誉。我们从他们身上学到的经营理念在此后20年里仍然对我们产生着影响。约翰问当时已在任30多年的首席执行官詹姆斯·布兰查德（James Blanchard），他认为为什么该银行会如此成功。他简单回答说："我们员工彼此相爱，我们也爱客户。"这听起来很像是一个目标。

布兰查德接着解释说，银行的核心价值观之一是做正确的事。关于价值观，典型企业常常使用"诚信"等字眼，西诺乌斯与之不同，我们喜欢这个简单、接地气又清晰的表述。在采访布兰查德之后，我们有机会看到这一价值观付诸实践。当时，TSYS是一家由西诺乌斯拥有的信用卡处理公司，该公司的销售人员告诉我们他拒绝了客户一份价值100万美元的合同。当我们问为什么时，他说他觉得客户有能力以更低的成本自己完成任务。这令我们感到不知所措。

虽然完成这笔交易不仅会使西诺乌斯的收入增加，而且可能会提高销售人员的个人佣金收入，但销售人员拒绝了这笔钱。他告诉我们："这是正确的做法，公司会支持我。公司让我认识到，做出符合客户最大利益的事情，我会得到公司的支持。"他接着解释说，这种经历对他和银行产生了重大影响。西诺乌斯员工认真对待公司的价值观，不仅打心底尊重它，还赞美它。即使失去了经济回报，每个人都有机会做正确的事情。

最近，当一家大型烟草公司联系我们，想请我们帮助其领导者在员工队伍中推动目标时，Izzo Associates 迎来了我们自己的目标一致性时刻。这个报价是有利可图的，我们可以为开展业务找到无数的理由。我们遇到的会议规划者似乎都是好人。我们认为通过提高领导者的工作效率，也许可以使他们的日常工作和生活变得更好。也许我们甚至可以影响公司，使其更具目标性和环境可持续性。此外，它似乎可能是一个很大的业务块。

然而，最终使我们下定决心的，是我们无法解释我们为什么要和我们的核心价值观不符的公司合作。我们知道我们的老员工不同意为烟草公司工作，因为我们一直专注于与有社会责任感的公司合作，为社会增值。我们无法想象我们如何能够证明选择与这样一家公司合作的行为是合理的，但我们可以很容易地想象出它会使我们的团队成员对真正的价值观冷嘲热讽。一名团队成员对我们说："你们让我紧张了好几天。如果你们接受这个业务的话，我认为我们所代表的一切都是一堆废话！"这是每个级别的每位领导者在每个出现目标一致性时刻时都必须考虑的因素。

检查目标一致性时刻是将真实公司与虚伪公司区分开的特别有效的方法。一位"千禧一代"问我们:"你们怎么知道一家公司是否只是假装专注于目标,就像有些绿化环保公司一样?"然后她回答了自己的问题:"当我看到它们已经放弃了它们的目标时。"她指的是这些时刻,即当所有人都清楚地看到您是否真的这么在意目标时。

当您搞砸时会发生什么

当然,我们并不总是做正确的事;作为人,我们都会犯错误,大家都是"事后诸葛亮"。我们不会完美,有时我们的产品或服务会无意中伤害我们的客户。然而,我们如何应对这种违背目标的行为,这是一个特别重要的时刻,可以显示出我们作为组织和个人的最佳品质。

当我们采访宏利金融的唐纳德·古洛伊恩时,他向我们介绍了他的公司向客户提供一种投资产品,但公司没有对其进行全面的尽职调查,这导致客户遭受了损失。宏利金融没有找借口,而是诚实地公开承认其错误,并确保受牵连的客户收回了他们的资金。这是对目标一致性的重要考验,公司以高分通过了测试。它产生的反响在公司内部和外部都持续了很久,并且传达了这样的信息:公司的目标是真实的。

另一个例子是三星公司。2016年发生了Galaxy Note 7智能手机爆炸事件,三星公司处理该事件的方式受到了称赞。有人发现,有些客户的手机电池会过热,导致手机起火。作为回应,三星公司最初召回了250万部手机,但随后扩大了范围,对所有Galaxy Note 7手机实施召回,可见成本为20亿美元。该公司优先考虑客户的利益,而不是召回和更换手机造成的短期财务成本,并在此过程中向员工证明了三星公司的商业信誉是无可挑剔的。

当违规行为得不到妥善处理时，员工很容易看穿这些伪装。LRN 是一家业内领先的涉及公司治理、道德与合规管理的应用和服务提供商。该公司的一项大型研究发现，超过三分之一的美国就业者因为不认可公司的商业道德而离职。研究发现公司能否培养企业道德文化，与公司能否吸引、留住人才以及确保员工生产力之间有着紧密的联系。

作为民意研究公司（Opinion Research Corporation）的综合调查的一部分，其对部分美国全职工人的电话访谈结果表明，94%的工人表示他们认为工作的公司是否道德对他们而言非常"关键"或"重要"。目前，56%的美国工人将其现有公司定义为具有道德文化。然而，四分之一的人说，在过去的六个月里，他们目睹了工作中不道德甚至是非法的行为，其中只有11%的人表示他们没有受到影响。

如果您无法向您的员工证明他们为什么应该成为品牌大使，那么您的组织未来在目标变革中是没有希望的。您的公司最后一次做正确的事情是什么时候，即使它在短期内花费了您100万美元，甚至几百万美元？您什么时候会停止提供客户想要的但偏离公司目标的产品？如果犯错，您什么时候能承认错误而不是试图通过公关活动掩盖它？这种一致性时刻通常是决定缩小目标差距还是扩大目标差距的时候。

缩小目标差距，贵公司就能创造良好的商誉，并为员工提供他们相信的东西。当我们犯错误时，我们必须保持清白，尽可能以最好的意图向前迈进。

您有内部品牌推广活动吗？

大多数公司都会有外部品牌宣传计划，并通过传统的广告和社交媒体策略来实施。公司经常努力描绘一幅蓝图，以吸引外部利益相关者来支持品牌，但并不总是考虑员工对品牌的信任。公司必须付出和外部品牌宣传同样的努力，才能将目标传达给团队成员：如果他们不相信，我们的客户也不会相信。事实上，在公司内部推销您的目标比向客户和潜在客户宣传您的目标更重要。

以加拿大航空公司西捷航空（West Jet）为例。从一开始，提供真正的贴心服务就是该公司品牌的核心。该公司的核心口号是主人关怀。在西捷航空，每名员工都被视为主人。多年来，公司一直致力于让员工投身于其核心目标。它与员工进行了数百次会议，以突出、认可和赞扬口号蕴含的精神。当我们与西捷航空领导者合作时，在我们看来，他们在内部品牌建设方面的投入比在外部品牌上花费得更多。结果就是他们的员工成了品牌大使。

然而，有一点需要注意：我们的内部目标品牌推广工作不应该是一种促销，而应更像是一种展示真实性的承诺。在设计内部目标品牌推广活动时，不要将其视为营销活动，而是努力将人们与您的目标联系起来。当领导者谈论公司的真正目标时，要从定位开始，正如惠普领导者所做的那样。在丽思卡尔顿这样的大酒店里举行的日常会议上阅读公司的使命宣言时，它给人的印象会得到巩固。当领导者花时间提醒人们，我们可以使客户的生活发生什么样的改变时，这种情况就会发生。

捕捉员工对公司对目标做出承诺的情绪，将有助于发现需要改进之处。在某些情况下，它就像强调为支持目标所采取的行动一样简单。如果您的团队成员没有被告知您正在做出的基于价值观的重要决策，他们将如何知道这些信息？发送每周或每月更新的电子邮件，展示公司最近的行动如何与实现您的目标相关联，告知员工您对可持续发展或其他目标驱动因素的承诺如何得以维持。较大的公司应定期发布有关公司实现其目标的重要事实和故事，要求各级领导在会议中传播这些信息，并与团队成员进行日常互动。

内部品牌化的另一种方式是鼓励员工通过社交媒体谈论或发布有关公司及其工作经历的信息。您不必硬性推行，但如果您能正确地做事，您会发现您的员工想要成为您的品牌大使。今天大多数公司，无论大小，都使用某种类型的社交媒体，要让您的员工知道您也希望听到他们的声音。让您的营销团队或人力资源部门为员工设置 Facebook 或 LinkedIn 群组，以表达他们的想法，彼此交谈并与外界分享他们的故事。

每当我们实践我们的价值观并证明目标是第一位时，我们就能招募到品牌大使；每当我们未能将目标放在中心时，我们就会将员工转变为品牌怀疑论者。如果他们相信他们所做的工作，并且知道他们的公司不仅仅做出关于目标的口头承诺，他们将有助于培育组织的商誉。

◎ 练习：来到目标审核时间

大多数公司都没有衡量员工与其目标的关联程度，但我们认为每家公司都应该定期执行我们称之为目标审核的检查方式。进行目标审核时会询问员工是否看到了公司为实现目标和价值观所做的努力，以及他们是否看到领导者言行一致。甚至提出问题也能体现目标一致性，但您如何回答更重要。

如果有人审核了您的日常重点和沟通，以确定您是否增强或削弱了团队成员对您更高目标的信念，您会如何评价？宏利金融不仅衡量团队成员如何看待公司的道德规范，还会询问员工是否相信如果他们层层上报了不道德的行为，他们会得到支持。其前总裁兼首席执行官古洛伊恩告诉我们："如果您在提出问题时也传递了信息，那么您的文化就成了帮助您实现目标的最好的警察。"

目标审核应该提出这样的问题：

- 您觉得我们是一家专注于目标的公司吗？
- 您相信我们在实践公司的价值观吗？
- 如果您发现违反价值观的言行，您是否觉得自己会得到支持并揭示问题？
- 您是否认为我们的组织最重视客户和社会的最大利益？
- 比起利润，您觉得我们的领导者更关注目标吗？

史蒂夫·乔布斯的奇案

苹果公司的联合创始人、前董事长兼首席执行官史蒂夫·乔布斯（Steve Jobs）是终极品牌大使的个案研究对象。尽管人们通常认为乔布斯很苛刻，时常不顾及他人的感受，但乔布斯却获得了他那一代领导人中很少有的标志性地位。通用电气的杰克·韦尔奇（Jack Welch）也许因其坚韧不拔而备受钦佩，但很少有人崇拜他的工作方式。由于比尔及梅琳达·盖茨基金会（Bill & Melinda Gates Foundation）的工作，毫无疑问，有一天比尔·盖茨（Bill Gates）会出现在发展中国家，作为他抗击疟疾等疾病的纪念，但盖茨身边很少有狂热的崇拜者。然而，乔布斯是为数不多的商业领袖中的一员，这类商业领袖与员工和客户都建立了热情的联系。

在目标变革的背景下，人们可能会问"为什么"。首先，乔布斯对自己创造的产品及其改变生活的能力充满信心。1980年，他为苹果公司确立的使命宣言是通过为促进人类发展的思想创造工具，为世界做出贡献。他塑造了苹果品牌，并在品牌内部和外部围绕该品牌展开了对话。

例如，苹果以其在大型发布会上隆重发布产品而闻名。乔布斯把这些会议变成了真实的事件，鼓动了听众，并进一步讨好他的员工和开发人员。在乔布斯的掌舵下，苹果公司的目标驱动使命激发了员工罕见的奉献精神和兴奋感，并且还成功地将之转移到了客户身上。

从表面上看，苹果用户的强烈忠诚度可能仅仅与产品有关。事实上，大多数Mac和iPhone用户都在强调为什么苹果的电脑、智能手机和平板电脑优于竞争对手。尽管技术质量可以部分解释这种狂热的忠诚，但还有一些更无形的东西可以解释更深层次的联系。当乔布斯被约翰·斯卡利（John Scully）领导的董事会解雇后重新回到公司时，他对苹果的团队说了同样的话。

1997年，乔布斯回归后出现的"思考不同"运动将苹果定位为"疯狂人"的热情拥护者。他们敢于改变想法，改变世界。该公司将其产品与一系列颠覆性创新相关的价值观联系在一起——成为一名苹果用户，意味着要站在人类发展的最前沿。在采访中，乔布斯经常谈到"激情"的绝对必要性，而且钱对他来说从来没有多大意义；激情总是与追求更多东西有关。产品比利润更重要，或者换句话说，目标高于利润！乔布斯向他的员工表明，他的真正愿望是让世界变得更好，员工也因而全心全意地跟随他。

最后，客户爱上了乔布斯对品牌、技术的执着，以及他创造新颖、真实和颠覆性产品的能力。他关心自己在做什么，他做这件事的目标很明确。那个穿高领衫的人对科技充满热情，他觉得科技可以改变世界，他坦诚地谈论科技。我们热爱史蒂夫·乔布斯，因为我们看到他对创新的狂热，还有这种狂热在人类进步中所起到的令人难以置信的作用。如果这种狂热仅仅是达到目标的一种手段，当达到目标的时候，它就不能被深层次地激活；它需要更伟大的内涵，我们必须大胆地颂扬它并坚持到底。

每位领导者都是目标大使

人们很容易被欺骗，认为仅有检验目标一致性的时刻是重要的，即那些直接影响项目、产品、服务或公司整体商誉的时刻是重要的。作为领导和团队成员，我们中的大多数人不会对我们提供的产品做出这些大的系统性决策，也不会成为负责弥补产品缺陷的人。但是，每一天，每一秒，我们领导团队和日常运营的方式都在表明我们是谁，我们相信什么，以及我们如何支持我们的目标和使命。

对大多数团队成员来说，他们在自己工作团队的经验使他们成为品牌大使。有人说，所有政治都是地方性的，在某些重要方面，这也是组织目标的真实情况。研究一直表明，一线主管和直接经理对团队成员如何看待组织产生了不同程度的影响。这样看来，本地团队负责人就是组织目标的翻译。日常的一分一秒都能决定我们的员工是否认为我们的目标是真实的。我们如何对待客户，我们是否认同规定的价值观，个别领导者如何谈论客户以及我们对社会的责任，正是这些决定性时刻塑造了企业文化。

无论您的职位是什么，您都有这样的检验目标一致性的时刻，您也必须了解客户和消费者如何理解公司、公司的目标和整体品牌。没有员工的支持，客户也不会关注公司。正如我们将在第四章中讨论的那样，客户必须是您的主要目标。

从内而外地推广目标的最佳实践

- 强调贵公司在可持续发展和社会责任上付出的努力，使您的员工看到自己与公司的创始故事的直接联系。
- 通过定期讨论团队成员的产品和服务如何帮助人们实现他们的目标、愿望和梦想，保持团队成员与公司目标的联系和对公司目标的参与度。
- 在检验目标一致性的时刻，向您的员工和客户证明，公司及其领导者践行了他们所宣扬的价值观。
- 当您的公司犯了一个错误，不要躲起来：诚实地公开承认它，做任何您力所能及的事情来改正它。
- 通过在员工会议和内部沟通中强调、认可和赞扬公司的宗旨，努力做好内部品牌推广工作。
- 对您的日常工作重点和沟通进行目标审核，以确定您是增强了团队成员对您更高目标的信心，还是削弱了它。
- 每周或每月向员工发送一次内部电子邮件，强调公司最近的行动如何实现其目标。通过故事和关键事实使内容变得更具体和相关。
- 为员工建立 Facebook 或 LinkedIn 群，让他们表达自己的想法，互相交流，并与外界分享自己的故事。

| 第四章 |

为什么大部分领导者和公司因目标而失败

艾伦（Alan）是我们的好朋友，他的整个职业生涯都在能源行业工作，主要负责监督石油钻井现场。我们记得他在为较小的公司工作多年后首次与一家大公司签约时，他对该公司的口号"不仅仅贡献石油"感到很兴奋，而该公司日常认真对待安全和环境的方式给他留下了更深刻的印象。一家石油公司可以引领新能源未来的想法引起了他的兴趣。艾伦骄傲地告诉我们，多年来他第一次觉得他找到了一家他真正想要为之工作的公司。该公司是英国石油公司，大多数人都知道它简称BP。但它已经被列入了忽视目标和更高使命的公司名单中，因为没有把目标放在业务的中心。在墨西哥湾漏油事件发生一年后，艾伦离开了英国石油公司。不幸的是，他最初的乐观情绪早已消失。

这个众所周知的例子代表了一座更为重要的冰山的一角。正如安永和哈佛大学的联合研究表明，大多数高级领导人和企业主都看到了以目标为导向的价值，并且很可能有一套倾向于人性化的个人价值观。然而，根据我们的经验，大多数企业，无论大小，都在失去目标，或者至少未能在社会公益时代取得高敬业度和竞争优势。

根据我们过去 25 年的经验，大多数领导者花费过多的时间专注于数字和击败竞争对手，而没有真正接受目标带来的平衡力。这并不是说这些公司的负责人不关心目标，也许会有些人不关心目标，但大多数人希望他们的员工和客户做得正确，并为社会和地球提供价值，或者至少不会造成伤害。这些领导者和企业主很想做好，但这很难！

如果您经营一家需要向股东和其他投资者汇报的大公司，公司会很容易陷入困境。如果您经营一家规模较小的公司，只要保持活力并赢得足够的业务，大家自然会更多地关注财务数字而不是外部贡献。有时领导者和经理人会像许多员工一样专注于完成每周的工作。当然，问题在于，在重大转型时期，这种态度可能并不适用。目标变革正在发生，如果您不参加，您就会输掉。

尽管如此，即使认识到这种形势，公司和领导人也很难登上目标变革的巨轮。他们可能没有正确的思维方式，或者缺乏可以支配的必要资源。也许他们认为他们理解"有目标"意味着什么，因此他们在成功之前就试图伪造它。但无论怎么努力，都无法伪造目标。在与数百名公司领导、人力资源代表和各级员工的交谈中，我们发现了公司未能真正缩小目标差距或激活目标的一些原因。剖析这些关键原因可以使我们深入了解如何避免失误或走入死胡同，并认真追求目标。

目标不是战略

目标不是战略，但是许多领导者都犯了这样的错误：把目标当作其他赢得人才和客户的计划对待。他们认为，他们在一个组织中追求目标主要是将之作为一种手段，而不是着眼于实现目标本身。他们问：

"既然问题的重点是员工和客户希望我们有目标,那我们应该像追求其他业务战略一样去追求目标。"从表面上看,这似乎是一个合理的问题。对公司业务和有价值地实现目标的双重关注没有什么错。事实上,几乎我们采访的所有成功驾驭目标的领导者和公司都非常清楚,行善就是好生意。在利益相关者之间,目标本身是一种善,是一种更大的忠诚。但在回答这个问题时有一个陷阱,事实上这是一个很大的陷阱。

实际上,人们仅仅是为了商业目标才钻研目标。我们与世界各地的 500 多家公司合作过,我们能够很明显地看到,员工可以发现真正的目标和纯粹的商业目标之间的差异。领导者个人也是如此。我们的员工可以知道我们什么时候最关心财务数字,即使我们不打算交流这些数字。这种心态伤害了我们,也是对支持我们的人的不尊重。人文主义者兼内科医生阿尔伯特·施魏泽(Albert Schweitzer)曾说过:"我从来没有见过关于'灵魂'的良好定义,但当我看到它的时候,我总是能认出它。"我们相信,一个类似的观念适用于今天的目标驱动型领导者:有些东西很难定义,但当他们认真践行他们所宣扬的东西时,就有可能知道。

还可以从一个非常实际的方面来解释,即为什么把目标作为一种手段长期来看是不起作用的。企业迟早需要在短期或中期利益和更高目标之间做出选择。只有领导者真正与这一目标联系在一起时,才能避免这些短期陷阱。通常,我们会发现,一些暴露目标短视问题的错误决策都是根据短期业务战略,而不是长期可持续发展战略做出的。以前面提到的大众汽车排放丑闻为例,在柴油汽车排放上欺骗监管者的决定显然有利于短期的商业发展,因为它允许公司以"清洁替代品"

的名义推销其汽车。但是，是什么让这样的决定得以做出呢？

我们最好的猜测是大众的员工并不是那些对环境不太关心的"坏人"。相反，更可能的情况是大众主要是将对清洁汽车的关注作为一种战略，而不是作为一种信念——去做正确的事情让世界变得更好的信念。"做正确的事情"和商业案例之间的区别可能仅仅是语义上的，毫无疑问，这种区别可能是微妙的。偶尔也有像安然这样的公司，由完全自私的人来经营，但关于目标最大的问题可能还是来自将目标作为一种手段而不是最终结果。

您必须更深入地探索，并找到方法与组织和您的客户进行沟通。不仅要解释您所做的承诺，而且要展示您是如何实现这一目标的。要确保您的组织的所有级别成员都明白，这种追求并不是一种过时的趋势，而是今时今日正在发生的重大变化，并且在未来也会继续存在。就像投资一样，专注于长期投资会让您更加沉稳，远离对行业或市场波动的"膝跳反应"，并且随着时间的推移会带来更高的业绩成果。

钱不是目标

如前所述，对组织而言，我们将目标定义为一种理所当然的理由，该理由能够使所有利益相关者，特别是客户、社会和地球的现在和将来更加美好。在阅读该定义时，需要注意的是在里面无法找到货币、利润、收入，甚至股东或投资这些词。我们所做的事情的核心目标是让世界变得更美好，并为我们的工作、决策和生活感到自豪。赚钱不是一个目标。

这并不是说目标驱动的公司不能或不应该专注于赚钱，或获取可观的利润。相反，如前述研究表明，激活目标的公司比那些目标感较低的公司更有利可图。关键是利润或目标是否是主要驱动因素。正如第一章所述，喜力（墨西哥）首席执行官多夫·范登·布林克明确表示，大多数人只是为了赚钱而没有个人目标。然而，作为领导者，我们经常会忘记这一点，因为对底线的持续关注很少会激活深层次的承诺。

具有讽刺意味的是，几乎所有公司的原始出发点都是为了解决问题。通过这种方式，大多数成功的公司都以一种目标感开始，而解决一群人真正问题的目标就是它们早期成长的动力。伟大的公司始于专注于它们的产品或服务，而不是赚钱。史蒂夫·乔布斯因为坚信这个观点是成功的必要条件而闻名。然而，随着时间的推移，最大的挑战是随着公司的发展，产品变得如此多样化，公司规模扩大，压力变得如此之大，以至于服务意图变得屈服于产生利润的需要。这两者是密切相关的，但随着时间的推移，即使公司不服务于客户或更大的社会群体，公司成长壮大的目标也会取而代之。

根据我们的经验，当赚钱成为公司的主要目标，公司忽视对客户和整个世界最有利的东西时，往往会是公司下行的开始，直到目标再次变得至关重要时才能停止下行。当然，这是一个复杂的平衡点，因为利润确实重要，但可持续的利润几乎总是服务于目标的产物。

以戴尔公司为例。该公司由迈克尔·戴尔（Michael Dell）于1984年创立，在最初的20年里发展迅速。然而，当他在2004年离开公司时，它步入了艰难时期。三年后的2007年，戴尔重新将公司定位于其核心目标，甚至将公司私有化，以使其成为"历史上最大的初创公司"。从那时起公司的表现得到提升，客户满意度提高，员工满意度得分提高。该公司继续发展，并在2015年完成了史上最大的科技公司收购案之一。

我们总告诉领导者的一件事是，大多数为您工作的人并不关心公司赚多少钱，甚至可能不关心它的增长速度或销售额的同比增长，尽管这些通常是高级领导者的主要关注点。员工确实希望成为一个成功团队的一员；他们希望公司赚到足够的钱，以确保他们的工作稳定，并且他们喜欢解决如何提供更好的产品和服务的智力难题。但是，对大多数员工来说，最重要的是他们在做好工作时能感到自豪，生产他们认为能满足真正需求的产品。虽然团队成员总是会受到经济回报的驱动，但这并不是趋势的决定性方向。员工需要根据自己的个人价值观和目标获得更强烈的满足感，而您的公司需要帮助他们实现这一目标。伟大的冰球球星韦恩·格雷茨基（Wayne Gretzky）说，你必须滑到冰球滑去的地方。

◎ 练习：金钱 vs. 目标

想象一下，一群人作为公正客观的观察者来到您的办公室，观摩您团队或公司的日常沟通情况。

- 他们找出您想要解决的问题以及您支持的目标是否困难？
- 他们是否会听到有关利润表或增长目标的信息？
- 会不会提到目标？
- 当他们看到哪些员工的行为受到谴责，哪些员工的行为得到奖励时，无论是经济奖励还是非正式奖励，他们所说的什么话能否体现您的领导或组织文化的核心？

写下这些问题的答案，然后自问一下：我的团队和所在公司的中心是目标还是金钱？

当您感到公司的中心正由目标向金钱倾斜时，那么是时候重新定义这种方法了。与您的团队或其他同事召开会议，讨论公司的目标，从您负责解决的问题开始。举例说明贵公司过去如何满足消费者的需求，以及为什么坚持这一承诺至关重要。展开讨论，以便您可以了解他们在工作中的动机以及他们如何看待每天所展示的或未能体现出来的目标。

召开这类会议可能很困难，因为需要人们畅谈关于目标的感受，这在企业界并不总能得到支持。因此，您必须使会议得到充分准备，积极分享您自己的感受，并指出贵公司或其他公司表现出的比赚钱更深刻的目标的具体例子（请随意使用我们在整本书中提出的那些）。

通常通过对话来开始，以建立与真正目标的更深层次的联系，这也是激活目标和缩小目标差距所需要的。

以下是开启对话的一些问题：

- 如果目标是我们业务或团队的主要关注点，我们的会议将有什么不同？
- 我们作为领导者会定期提出哪些问题？
- 我们会以不同的方式强调、认可和奖励什么？

目标不是营销计划

公司未能真正激活目标的第三个原因是它们将其视为营销计划。把目标作为营销计划不会使员工、客户或投资者对您的公司或事业产生好感。就像把目标看作手段一样，如果您不相信它并支持它，它就不会合格。

Carol Cone on Purpose 的首席执行官卡罗尔·科恩（Carol Cone）告诉我们，为了在目标世界中茁壮成长，公司将"需要使代表其品牌的核心竞争力与它们在社交平台上的表达保持一致；它们需要做出明确的目标声明"。她补充说："它们需要衡量和分享它们的影响，坦诚面对缺点。"

宝马品牌管理和营销服务全球总监史蒂文·奥尔索斯（Steven Althaus）强调对客户真实、开放、诚实的中心地位，他说："营销部门将不再是给大猩猩涂口红的部门。它需要讲述真相。"

快速了解目标和社会利益是否是企业的核心，而不仅仅是一种推动产品或服务的方式的最好方法之一就是看谁"负责"它。尽管我们非常尊重公司营销人员，但当社会责任、可持续性或目标被纳入营销或传播部门时，我们始终关注这一点。理想情况下，目标由组织中的每位领导者和每名团队成员所拥有，并嵌入他们开展的业务中。

像3M和福特这样努力培养目标驱动型文化的公司的领导者强调了将目标融入每项工作的重要性，特别是在业务的运营方面。尤其是高层领导必须小心不要把目标外包。正如穆塔尔·肯特告诉我们的那样，"首席执行官或企业主也应该是首席可持续发展官"。

原因很简单：如果您想真正激活目标，最好让营销部放大已经存在的目标，而不是将其作为一种策略。高调清楚地表达您的目标，让消费者和社区了解您的使命和价值观是没有错的，但必须首先从内部接受目标。如果您的营销团队表达的愿景与公司的现实不符，那么员工队伍中会滋生怀疑，客户将能够嗅出您的不诚实。更重要的是，这为"营销目标"和"现实目标"的脱节创造了可能性。

现实目标与营销目标

现实目标是指公司的领导者和团队成员团结一致，每天都在为关于这一目标的每一个行动提供支持。当您在工作中实现自己的目标时，您要认真对待公司的使命宣言，并努力让自己和同事达到与您声明的目标相关的最高标准。有现实目标的公司正在引领目标变革，而营销目标只是向公众描述了既定目标，无论该组织及其成员是否真正接受了它。

拥有目标并真实地实现它，比简单地告诉人们您有目标更重要。当您实现目标时，您可以展示它——它能指导您的战略、决策、资源分配以及您与客户、社区和他人之间的关系。人们能够察觉并欣赏这些努力。当您推销目标时，您只是告诉人们，而不是展示它们。一家公司仅仅想出一个引人入胜的口号，并告诉人们该公司的目标与世界上的趋势一致，并不意味着它采取了必要的行动来确保自己与世界保持同步。

我们已经发现过度关注营销目标会适得其反。某个组织拥有精美、制作精良的视频，视频讲述了公司拥有关注员工和客户的目标。不过事实证明，虽然视频的描述比炸牛排的嘶嘶声更动听，但客户可能没有留意它，员工也经常与我们讨论视频中故事背后的现实。正如一名团队成员直截了当地说："我们都嘲笑这个视频，因为我们每天都看到利润才是这家公司关注的焦点，而不是目标。"

像宝洁（P&G）这样的公司符合其宣传的使命所设定的高标准：亲近生活，美化生活。作为产品囊括清洁产品、家居用品、个人护理和卫生用品在内的跨国制造商，宝洁始终在公众视野中，并且需要确保其对环境可持续性和社会责任的承诺得到兑现并获得行动支持。

宝洁的北欧品牌总监罗伊辛·唐纳利（Roisin Donnelly）对这一理念有着切身体会："营销人员的活动可以被数百万人看到。您的品牌无论对公众还是对公司的利润都是积极的力量，但想要改变世界必须始于您的目标。"多年来，宝洁的营销工作完全符合其目标，正如其女性卫生用品品牌 Always 在 2014 年的主题活动"像女孩一样"中所展示的。

这些广告展示了一些男孩和年轻男女，他们被告知要像"女孩"一样行动，比如跑步或扔球。他们的反应是假装柔弱，戏剧性地表现出胆怯和克制。而当前青春期的女孩被要求做"像女孩一样"的行为时，她们会以力量、敏捷和活力来表演。广告然后提出问题：什么时候"像女孩"一样做事情开始变得消极？并将其与这些负面刻板印象如何在女孩成长为成熟女性时对她产生真正伤害联系起来。

唐纳利表示，在人们看到广告之前，只有 19% 的人认为"像女孩一样"是一个积极的声明；在广告之后，这一数字跃升至 76%。根据唐纳利的说法，这则广告"已经建立起了人们对女孩和女人的信任，并且可能在未来对地球产生巨大影响"。

但即使是像宝洁这样的公司，领导者也必须不断确保所述目标符合员工和客户的日常经历。对许多有响亮口号或营销活动的公司而言，它们虽然能够从营销计划开始，却无法付出艰苦的努力来实现其目标。我们看到这种情形每天都在上演，特别是由于商业和社会正在经历快速变化。您的营销计划必须与时俱进，但也需要符合您公司的目标。

领导者致力于把目标变成一条单行道

通常组织无法抹平员工、客户受目标驱动的期望和公司现实之间的差距的另一个原因是，目标是自上而下的努力，而团队成员或客户几乎没有真正参与。许多领导者认为激活目标的方法是给人一个目标。他们与其他高管或高级经理讨论想法，然后写出他们认为有意义的一系列价值观。他们在一个令人信服的使命中阐述了一个崇高的愿景，然后通过人力资源和内部营销渠道推动这一想法，试图将这一目标出售给团队成员。

这种自上而下的方法存在固有的问题。事实证明，员工的动机和参与主要取决于他们自己的价值观——而不是公司的价值观。研究表明，当员工清楚自己的价值观并认为他们可以在工作中践行它时，他们就更加投入，而并不关心公司的价值观如何，公司的原则和目标对他们来说并不重要。问题是我们忘记了最终人们只会在找到自己的目标时才会激活它。

例如，当达伦·恩特威斯尔成为加拿大大型电信公司 TELUS 的首席执行官时，他知道公司需要一套新的价值观，这些价值观可以使公司向竞争激烈、快速变化的领域迈进。正如 66% 的高管因为当前的颠覆性环境而重新深刻思考其目标，恩特威斯尔知道他必须认真对待目标。他没有让高管确定价值观，而是进行了一项练习，以挖掘数千名 TELUS 团队成员的价值观。最终涌现出的例如勇于创新和充满激情的团队合作的价值观直接源于对员工而言最重要的事情。这些价值观成为公司转型的支柱，我们将在第七章讨论。

这种从底层开始构建价值观的早期准备工作，为 TELUS 的强势文化的建立奠定了坚实的基础。这种文化也受到了员工的欢迎。高层团队可能会提出类似的价值观，但花费时间让数千名团队成员参与进来是很有价值的。

根据我们的经验，领导者经常忘记关于目标、使命和价值观的对话与这种练习所产生的精心创作的声明同样重要。DSW Inc. 的加拿大分公司 Town Shoes Limited（TSL）在制定其目标声明时也经历了类似的过程。总裁西蒙·南克维斯（Simon Nankervis）邀请各级领导者找出其品牌存在的原因。在这个过程中，他召集了一大群团队成员，发现"快乐"这个词变得非常抢眼。最终产生的目标是"通过自我表达获得快乐"，这是能令每个人都会感到兴奋的目标。

鼓励人们确定自己的核心价值观以及在工作中表达这些价值观，有助于激活个人的目标。需要记住的核心原则是目标来自内部而不是外部。想真正缩小目标差距的领导者知道，重点是不能仅仅为了给人们一个目标；他们必须帮助人们找到属于自己的目标，并通过每天的工作来实现它们。作为领导者，无论我们是领导小型团队还是领导大型跨国公司，我们的工作都是帮助人们看到他们的价值观与组织工作之间的联系。

目标被挂在墙上

几年前，约翰在一家大公司做顾问。这家公司有着宏伟的目标，每个办公室的墙上的标语都突出显示了一系列价值观，然后被置于漂亮的玻璃下面。有一天，公司的一位中层经理随口告诉约翰："这正是这家公司的价值观所在——在墙上和玻璃下面，但从未在房间里变成现实。"

不幸的是，我们一直看到这种情况：公司因为它们的目标被困在墙上而失败了。

许多公司将理想主义声明视为目标。这些声明在很多情况下都很好用，但除非它们像全食超市的沃尔特·罗伯告诉我们的那样，"目标是活着的文件，在日常工作和决策中都能保持生命力"，否则它们不会在您的组织中激活多少目标。

这里要记住的一个原则是关于目标的对话比表述更重要。一个明确的目标是好的，但是它在公司中的有效性取决于关于这个目标的谈话有多么活跃。例如，我们与世界各地的酒店和连锁酒店进行了大量的合作。几乎每家酒店都在员工房间的某个地方设有崇高的目标声明，颂扬为顾客服务的美德，但这些声明大多挂在墙上，沾满灰尘。真正激活目标的酒店是这样做的：领导者不断反思他们如何能够实现目标，如何使目标成为一个生动、有吸引力的文件而不仅仅是一个声明。

北卡罗来纳州夏洛特公园酒店的前总经理韦恩·舒斯科（Wayne Shusko）过去通过参加每名员工的入职培训，讲述团队成员的表现超出客人最高期望的故事，从而使公司的目标"真正地服务客人"变为现实。在这些会谈中，他与他的员工建立了联系，让口号从墙上落地，从而帮助他们理解其深层含义。他根据这一目标考核员工，并做了大量工作，突出了他们的相关成就。虽然这看起来很简单，但很少有人能做到。

领导者需要找到系统的方法来使目标"脱离墙壁"并融入工作。这可能意味着在每次会议上诵读使命声明，或者确保每项重大决定都经过审查。您、您的团队和您的组织必须检查自己的目标声明每天如何发挥作用。如果它不容易被发现，那么它可能会被困在墙上，在那里它无法产生任何好处，几乎没有影响力。

当您的目标落伍时

公司经常无法有力地激活目标的最后一个原因是：有时候您的目标跟不上时代。为了真正保持时效性，它不仅要保持不变，还要记录您的业务或团队在蓬勃发展的环境中的变化。

例如，沃尔玛一直将价值和低价格的目标集合在一起。当约翰被邀请到该公司位于阿肯色州的总部，与其医疗保健部门的数百位领导者交谈时，他目睹了药店领导者对5美元处方的近乎狂热的执着。这是为了将美国老年人最常用药物的价格降到每月只需花费5美元或更低。

与此同时，沃尔玛的领导者告诉约翰，公司关注的是所谓的"下一代沃尔玛客户"。这个想法很简单：沃尔玛赢得了上一代客户，成为世界上最大的公司，上一代客户似乎关心低价的一切。今天，该公司清楚地知道，下一代沃尔玛客户（和团队成员）有更多的想法。较年轻的客户仍然希望价格低廉，但正如目标变革中的其他成员一样，他们也希望以对地球造成较小伤害的方式进行消费。

多年来，可持续发展和环境保护不是沃尔玛目标等式的一部分。人们甚至可以争辩说，不惜一切代价关注低价格可能会导致更多的环境恶化。近年来，沃尔玛的低价目标已经融入了创造绿色地球的新目标。该公司仍在为工资和福利做出努力，但任何客观分析都表明，它已成为设计更可持续供应链且减少对环境破坏的主要力量。这是一个很好的例子，它能根据利益相关者不断变化的关注点改变其目标。

每家公司都应定期询问其目标是否必须演变为不断变化的社会需

求。定期评估您的任务非常重要，以确保它仍适合当代环境。例如，2004年推出的Facebook随着时间的推移而飞速发展。它为大学生在网上与朋友联系提供了新的方式，已经变成了一个拥有20亿用户的社交媒体巨头，彻底改变了人们的互动方式。

十多年来，Facebook宣称其使命是"赋予人分享的权力，让世界更开放更互联"。这是一个强有力的声明，但面对不断变化的现实，它似乎有点平淡。今天，我们看到企业在社会中扮演的角色一直在令人失望。从2008年的金融崩溃到气候变化加速和收入不平等等全球性问题，世界人民都将这些问题归咎于企业，并越来越多地寻求企业解决这些问题。

Facebook联合创始人、董事长兼首席执行官马克·扎克伯格（Mark Zuckerberg）认识到了这一现实及其对公司用户的影响。虽然对连接用户而言Facebook已经足够了，但扎克伯格认为Facebook的使命可以更深入。"你还需要做这项建立共同点的工作，这样我们才能共同前进，"他说。

2017年6月，Facebook公布了它的新使命：赋予人创建社群的权力，让世界融合在一起。该公司正在提供新工具，以帮助用户建立更好的Facebook群组，并产生更强的社区意识。它还采取措施将这一目标融入公司的实践中，例如向Facebook群组管理员提供有关用户何时最活跃的更多开放数据。

即使像Facebook这样看起来远没有失败的公司，在目标方面也在向前发展。扎克伯格知道这项任务很重要，因而必须真正与Facebook的员工和客户建立联系。由于之前的协同配合不太合适，所以他们采取了下一步措施，确保未来许多年都能取得成功。

避免目标陷阱的最佳实践

- 您的目标必须是真实的,不能被视为另一种短期业务策略或获取客户关注的方式。强调长远观点将有助于确保您的目标出现在贵公司做出的任何重大决策中。

- 将对话从利润转向目标。在会议上花时间讨论为什么目标在不断变化的业务环境中比利润更重要。让人们了解您的想法,并帮助他们解决公司最初要解决的问题。

- 通过制作清晰、真实的目标声明,使您的品牌核心竞争力与您的社交平台声明保持一致。

- 确保目标、可持续发展和社会责任不仅仅存在于营销部门或联络办公室,而是由组织中的每位领导者和每名团队成员拥有。每个人都应该有自己的目标——而不仅仅是营销部门。

- 如果您想真正激活目标,让营销部门放大已经存在的目标,而不是把目标当成一种促销策略。

- 问问自己和您的团队如何使目标不仅仅是一个声明,而是一个生动、有吸引力的文件。

- 当团队成员直接为您公司的目标做出贡献并突出他们的相关成就时,要认可他们。

- 愿意在不断变化的时代更新您的目标和愿景,牢记明天一代以及今天一代的期望。

第二部分

引领目标导向的文化

　　现在您已经了解了目标变革的轮廓和好处，以及如何定义公司目标并避免陷阱，现在是时候深入挖掘并实践了。在第一部分中提到的哈佛大学大型研究表明，虽然领导者认为目标会对他们的业务产生显著的积极影响，但超过一半的人认为他们在激活目标并将其融入他们的文化这件事上做得不好。

　　在第二部分中，我们将向您展示如何使您的公司和团队在实现目标这件事上取得领先。无论您是首席执行官、高级管理人员、企业主还是一线领导，您都将学习到带着目标去领导团队的实用技能。我们向您展示了拥有和传达您个人目标的重要性，以及如何推动工作目标而不仅仅是工作职能。您将了解到如何让您的员工和客户真正以实践的方式参与您的目标，如何使每名团队成员感到自己与目标相关，以及如何使您的团队或公司通过目标成为人才"磁铁"。最后一章总结了目标驱动型领导者的八个关键实践案例。

| 第五章 |

所有的领导者都必须有目标

约翰·里普洛格尔（John Replogle）是社会使命委员会（The Social Mission Board）主席和七世代公司的前首席执行官。七世代公司是领导目标变革的公司之一。当里普洛格尔35岁时，他是吉尼斯巴斯进口公司（Guinness Bass Import Company）的总裁和吉尼斯（英国）的总经理。他是一位成功的高管，他觉得自己"生活在一条绳子上"。他的工作和生活对他来说意义重大，他并没有特别感到缺少任何东西。在担任该职务期间，他开始与一位导师合作，导师鼓励他撰写个人使命宣言。但他并没有觉得这件事对他有什么吸引力，直到有一天当他和他的孩子一起从后座上冲下车时，他在后视镜里瞥见了他孩子的眼睛，于是他开始考虑这项任务。

"我看着他们，意识到我在职业生涯中所做的一切都是为了我自己，而且我觉得我没有做任何让他们生活在更美好世界的事情。"他说他哭了，因为他意识到生活中只有赚钱是不够的。几个月后，他离开吉尼斯（英国），在联合利华找到了一份工作，并最终担任七世代公司的首席执行官。"我知道需要改变，"他告诉我们，"我希望我的工作能够达到更高的目标。"在那一刻，这位领导者发现了他的真正目标。引领一种有目标的文化，一切都始于作为领导者的我们，就像那天里普洛格尔问自己的问题。

今天的领导者越来越多地认为，企业的存在是为了让世界变得更美好，并且大多数人认为员工和客户都希望与提供目标感的企业建立联系。90%的高管表示他们的公司了解目标的重要性，但"只有46%的人表示这会对他们的战略和运营决策有影响"。我们发现有两个原因可以解释这种差异。

首先，正如之前所讨论的，各级领导、经理、高管和企业主根本就没有被教过通过目标来实现领导。鉴于目前流行的商业模式，这是有道理的。领导者很少正式或非正式地接触关于企业是社会公益的代言人的理念，也没有人帮助他们看到这种靠目标推动员工绩效和业务成功的强大方式。我们缺乏在组织中拥有和推动目标的合理模型、工具和方法。此外，作为领导者，我们大多数人都很少有（如果有的话）导师或榜样来激发自己以目标为中心的领导力。

其次，大多数领导者都接受过这样的理念，即企业主要是为了盈利和增加股东价值而存在的。当然，我们提供工作岗位，制造优质产品，并提供能帮助人们的服务，但最终我们都是为了以此来赚钱。这就是衡量我们公司健康和活力的方式。在过去的一个世纪里，这一直是一种普遍的思维方式。这并不是说领导者和企业主正在放弃对社会的责任，只是他们需要理解如何有目标地领导以及为什么它如此重要。

想在目标变革中取得领先，作为领导者我们首先必须发现自己的目标，就是除了利润最大化之外我们还能够领先的原因。您需要找到自己的个人目标，从而能够为某些东西做出更大的贡献，而不仅仅是为了自己或公司。您的行为必须充满意义，因为您所说和所做的事情非常重要，甚至可能比您意识到的还要重要得多。这不仅仅是您的价值观问题，更是您的未来和遗产问题，不过这一切都始于寻找和实现您的目标。

使您的目标属于自己

在第二章中，我们介绍了一个想法，即您可以通过帮助员工在工作中激活自己的个人目标来将目标嵌入您的组织。这个想法适用于公司的所有层面，但对领导者可能最重要。根据我们的经验，如果您没有自己的目标，就不能引导目标或激活别人的目标。正如亨利·卢云（Henri Nouwen）在他的书《负伤的治疗者》(The Wounded Healer)中所写的那样，"关于领导力的巨大幻想是认为人们可以被从未到过沙漠的人带出那里"。缩小目标差距必须从领导者真正与他们自己的目标建立联系开始。您不能在自己没有去过的地方领导别人。

与领导力相关的目标根植于您的价值观和真实的自我之中。您必须忠实于自己的真实身份以及对您最有意义的道德、原则和事业。从这里出发，您才能够在生活中建立一个明确的使命，把注意力集中在最重要的事情上，找到做正确事情的勇气，并且以领导者的身份激活他人的目标。在考虑您的个人目标时，您需要诚实地对待您最深刻的价值观，并了解如何利用您与众不同的品质、技能和地位，为您的员工、客户和世界带来改变。

快消品巨头——联合利华的首席执行官保罗·波尔曼就是一个很好的例子。这位领导者发现了他的个人目标，他在这个过程中也改变了自己的公司。他呼吁领导者利用自己的职位来坚定公司的立场，勇敢对待他们的信仰。当波尔曼加入联合利华时，他帮助公司围绕社会和环境价值观重新定位。在他的领导下，联合利华制定了可持续生活计划，其中包括"减少我们对环境的绝对影响……并增加我们积极的社会影响"的计划。他意识到解决这些问题需要一个勇敢的长期战略，而不是短期思维。他告诉《福布斯》杂志社：

> 我们改变这个世界需要做出重大变革，如果你想做的话，进行变革一定会使公司处于逆境，并面对许多反对者和怀疑论者。
>
> 所以要从根本上做出这些变革，你需要有相当大的勇气，特别是在首席执行官层面……所以我们当然需要更多勇敢的领导者。

他将勇气定义为"将他人利益置于自己利益之上并能够化解个人风险的能力"，鼓励我们"通过这种方式来奋斗"。会见了数十名联合利华的各级别成员之后，我们可以亲自证明波尔曼的个人目标以及他公开谈论它的方式，使公司变得高度忠诚。

总部位于印度的制药公司西普拉（Cipla）的总经理兼全球首席执行官苏巴努·萨克森纳（Subhanu Saxena）更深刻地展现了他的个人目标，表明了将人们的工作与超越自我的意义和目标联系起来的重要性："人们来上班时感觉他们正在做圣雄甘地的工作，这在我们高管团队身上体现得淋漓尽致。它给组织注入激情和奉献精神，我也真的看到了我们的员工展现了这样的状态。"

SAP是一家总部位于德国的全球领先的软件公司，拥有悠久的社会参与历史。该公司声明的目标是：帮助世界更好地运转并改善人们的生活。SAP首席执行官威廉·R.麦克德莫特（William R. McDermott）亲自与全球的领导人和国家元首一起倡导实现联合国可持续发展目标,并利用其个人资本展示对这些全球目标的承诺。这些努力最终也使公司得到了认可,在2016年公布的RadleyYeldar世界最具目标性品牌100强排行榜中,SAP排名第20位,成为该指标中排名最靠前的科技公司,领先于惠普、微软、英特尔、思科、谷歌、IBM和Facebook。

这种勇于分享目标的意愿正是目标变革所需要的。作为领导者,我们处在危险中时,不要忘记人们正在等待我们去激励他们。他们希望听到并看到我们的个人目标,无论我们是企业主、首席执行官,还是团队领导者。

您的目标是什么?

在弗兰克·卡普拉(Frank Capra)1946年的电影《美好人生》(*It's a Wonderful Life*,又译为《生活多美好》)中,乔治·贝利(George Bailey)有机会看到如果他从未存在过世界会是什么样子。贝利是一个沮丧的商人,握着绳子试图自杀,却被他的守护天使救出。天使向贝利展示了如果他从未存在过世界会是什么样子,这样做可以向贝利展示出他对世界的贡献,他如何丰富了他的家人、朋友和社区的生活。

思考一下,如果没有您,世界(您的团队、您的家人、您的社区、您的同事)将会失去什么。有什么事业将被遗弃?有什么工作将不会开始或未能完成?想象一下您生活中的所有人,无论是在家里、在工作中,还是在您的社区,谁因您的存在而变得更好?为什么?作为能够有所作为的领导者,您提供了什么?您可以提供什么?发展个人目标包括了解我们的价值观以及我们对世界的独特贡献。

当您思考自己作为领导者的目标时，您需要澄清您最深刻的价值观，并专注于对您真正重要的事情。为了帮助您发现您的目标，我们建议您根据对一系列内省问题的回答撰写个人目标声明。制定您的目标声明将使您专注于工作和整个职业生涯中对您最重要的事情。

领导者在目标变革的背景下，写出自己的目标声明正变得越来越普遍。例如，在联合利华，副总裁及以上级别的所有领导者都参加了为期一周的会议，他们在那里制定了个人声明。这种锻炼应该在每个组织中进行，无论大小，鼓励领导者花时间问自己我的目标是什么。

在我们的访谈中，我们请众多领导者分享他们的目标声明。很明显，他们仔细考虑了这些声明，并充分丰富了它们。我们最喜欢的声明之一来自喜力（墨西哥）的首席执行官多夫·范登·布林克：成为园丁，拥有无限的好奇能量，以建立一个更美好的世界。

以下是我们多年来收集或读到的其他一些内容：

金宝汤公司（Campbell Soup Company）总裁兼首席执行官丹尼斯·M. 莫里森（Denise M. Morrison）：像领导者一样服务，过上平衡的生活，运用道德原则来发挥重要作用。

Dailyworth.com 的创始人阿曼达·施坦伯格（Amanda Steinberg）：用我的智慧、魅力和持续乐观的天赋来提升全世界女性的自我价值和净值。

POC 医疗系统公司首席执行官桑杰夫·萨克森纳（Sanjeev Saxena）：开发下一代诊断技术，以提供更好的生活。

所有这些声明看起来都着眼于内部，但是会通过外在行动来实现。这些高管描述了他们渴望成为更好的领导者，过上更好的生活，为世界各地的其他人服务，以及为对他们个人来说很重要的事业而团结起来。

设计这样一个声明的重点是帮助您专注于您的目标。想想这个目标如何与您的生活状况、您的领导角色以及您影响他人并发挥积极作用的能力相关联。例如，如果您是首席执行官，那么您就有机会将您的目标融入公司的文化结构、文化态度和行为方式中，并将其向前推进。但是，无论业务规模如何，各级领导者都可以从简单并易于沟通宣传的目标中受益。无论其是首席执行官还是我们的直接主管，我们都感到我们将和这样有目标并能够将目标表达出来的领导者有更多互动。

◎ 练习：撰写您的个人目标声明

在草拟目标声明时，您需要考虑本章中涉及的四个基本目标要素：

- 领导力目标是个人拥有的、从您的心中涌现的，它植根于您的价值观——您真实的自我。它利用了您独特的品质、技能和地位。要问自己以下关键问题：我是谁？什么是我独特的生活经历、价值观和品质？是什么驱使我前进？我什么时候最受鼓舞？
- 目标是卓越的。它将您与最重要的东西联系在一起，这种东西比您自己更重要、更持久，能够提供更深刻的意义。目标将使您扮演的领导者角色与更重大的关系和事件联系起来。
- 目标是无私的。它不是关于您，而是关于您自己以外的人和环境的福祉——您如何使社会或地球更美好。
- 目标是前瞻性思维。它将您和其他人指向一个引人注目的愿景，使人们将注意力和精力集中在把更美好的未来变为现实这件事上。

以阿曼达·施坦伯格的目标声明为例：用我的智慧、魅力和持续乐观的天赋来提升全世界女性的自我价值和净值。她以简洁、真实的方式抓住所有四个元素。她的智慧、魅力和乐观的天赋是个人独有的；她致力于提升全世界女性的价值，这既是卓越的，也是无私的；这一声明引人注目且具有前瞻性，专注于女性每天所经历的持续斗争，即使在发达国家的当代社会中也是如此。

从反思开始

请查看以下问题并记下快速回复。

- 我是谁？我独特的生活经历、技能、价值观和品质是什么？
- 是什么驱使我前进？我什么时候最受鼓舞？
- 我相信什么？我如何将自己的生活和工作与比自己更重要的事物联系起来？
- 是什么让我的生活变得有价值、有意义和充实？
- 我的意义和目标的核心来源是什么？
- 我存在的理由是什么？
- 我如何让世界变得更美好？为了谁？在哪里实现？如何实现？

根据您的反思，写下您对以下问题的回答

个人的：

- 让您一直感觉很兴奋的东西是什么？您小时候一直喜欢做什么？讲述一个故事，或举一两个例子。
- 描述您生命中最有意义的经历或时光之一。这对今天的您有什么影响？
- 您现在热衷于什么？什么是您早上起床的动力？

卓越和无私的：

- 您用什么来引导您的生活？有什么更高的精神、情感或人文道德引导您的生活？它是一种持久的、比您自己更伟大的东西。
- 您信仰什么事业？您想做点什么与众不同的事来改善社会或地球？

现在制定您的个人目标声明
- 您的反思中出现了什么样的主题和模式？
- 对您而言最重要的是什么？是什么赋予了生活以目标和意义？您什么时候最受鼓舞？
- 是什么让您的生活变得有价值、有意义和充实？您的理由是什么？

列出一系列您想到的词和短语。首先不要想目标声明，只需记下您的印象。一旦您有了一个与您产生共鸣的词语列表，就把它们制作成您的个人目标声明，您只需要一两个简单的句子！

还需要考虑现在指引您的远大或更崇高的目标。您的目标如何影响或塑造您的领导力？

遗产问题

我们发现发掘领导者个人目标的最有力方法之一，就是让他们考虑我们所谓的遗产问题：离开这家公司或团队后，您希望您的遗产是什么？

莫雷拉·埃尔南德斯（Morela Hernandez）及其同事的研究表明，遗产概念是管家行为的强大驱动力，甚至超过利他主义。事实上，他们发现引入死亡和生命有限的想法有助于人们思考他们将为其他人留下什么。通过管家行为，我们传达的意思是关注您的工作对其他人的影响，尤其是那些跟随您的人，例如年轻一代。将人们与他们的个人遗产以及他们将被认为能产生影响力的地方联系起来。

在我们对领导者和企业主的广泛指导中，我们发现大家对"您希望您的遗产是什么"的问题的答案，与对"您希望自己的目标是什么"这样的问题的答案完全不同。我们一次又一次地看到当向领导者提出这个简单的问题时，房间里的谈话会如何变化——遗产是一个有力度的词。他们的回答很少关注利润、收入或市场份额。相反，他们倾向于谈论他们在员工、客户、社区和行业状况中所做出的改变。当联想到他们的遗产时，他们会意识到他们更高尚且可能最真实的愿望。

几年前，约翰在明尼苏达州罗切斯特大学主校区的一个名为"创始人礼堂"的房间里，为梅奥诊所做了一系列演讲活动。大房间的墙上有黑白照片，其中包括一张梅奥兄弟的大幅照片，以及20世纪20年代圣玛丽医院早期的照片，那时候该诊所还不像现在享誉全球。约翰说："在这个房间里，不难发现我们每个人都是故事的一部分，这个故事早在我们进入这个房间之前就开始了。我们只会在这个房间里待一小段时间，而有一天我们也会变成墙边的一张照片，或者变成曾经坐在这里的某人的褪色记忆的一部分。值得深思的唯一问题是，这个房间未来是否会因为你曾经的努力而变得更好。"

后来许多领导者表示，这是这两小时的会议中最具影响力的部分。他们立即开始联想他们真正的目标感，并问自己：我为什么在这里？我在这里的遗产会是什么？

如果您作为顾问或教练与领导者合作，并希望他们思考目标，我们强烈建议您将对话转移到专注于遗产上，首先强调客户个人生活中的遗产。由于许多领导者都接受过密集的培训，以至于无法从传统的商业结果来考虑遗产，因此您一开始可能很难让他们考虑他们将来真正想要了解的东西。

约翰生动地回忆起他第一次问 TELUS 的达伦·恩特威斯尔这个问题时，对方的回应是"在每一代人中，只有少数几家传统公司因为真正的商业典范而被人们记住。我希望我们这家公司能成为为数不多的公司之一"。由于约翰在该公司内部为超过 15 000 名 TELUS 团队成员举办了一系列演讲活动，于是他分享了首席执行官所表达的简单的个人遗产。大家的反应非常积极，TELUS 的各级员工发现这个想法引人注目。他们希望也能留下这样的遗产，使公司成为每一个时代中少数几家重要的公司之一。

◎ 练习：确定你的遗产

作为领导者，您必须确定您想留下的遗产。请花些时间回答以下五个问题。

- 由于您的存在和您的贡献，世界将如何变得更好？
- 由于您的行为，您的家人将如何变得更好？
- 由于您的领导，那些为您工作的人如何在未来（甚至他们孩子的未来）变得更好？
- 无论您是什么级别的领导者，由于您作为领导者所采取的行动，您的客户和社区的生活将如何变得更好？
- 您希望人们用哪四五个词或短语来描述您对他们或世界的影响？

请记住，您不仅要考虑这些问题，还要考虑您的职业生涯，更重要的是您的个人生活。有些问题可能很难回答，但真正做到的话这些问题会指导您的行动并帮助您引导他人完成您的目标。

有目标地领导非常非常重要！

我们合作并研究过的所有真正以目标为导向的组织都有一位创始人、首席执行官或其他高管来负责实现目标，可口可乐、3M、TELUS、联合利华、西普拉、福特、喜力（墨西哥）、七世代和全食超市都是如此。它们都清楚地意识到自己的使命和目标，并努力通过组织将其付诸实践。我们坚信，在建立以目标为中心的组织时，首席执行官或企业主的目标很重要。

首席执行官的目标

我们发现，首席执行官或企业主表现出目标捍卫者的姿态时，能够使任何有志于其更高目标的组织产生巨大的变化。他们比公司其他任何人都更适合把更高的目标放在公司的路线图上。为了使其目标成为战略重点，他们可以描绘一个包含目标的愿景，然后把更高的目标成果作为组织健康的关键指标。在我们的讨论中，可口可乐公司的穆塔尔·肯特说：“首席执行官必须成为可持续发展的拥护者和愿景家。有时候，可持续发展需要大量投资，并且经常需要平衡风险和回报。但你必须愿意看到它，管理它，并重视它。”

首席执行官也处在独特的杠杆位置，因为他们的决策和授权可以对实现公司的更高目标产生巨大影响，且影响的不仅仅是公司内部，更能影响外部和整个供应链。例如，福特汽车公司执行主席比尔·福特（Bill Ford）告诉我们：“正如我们已经做到的，首席执行官可以做的就是真正地推动我们的供应基础，以提供产品的形式严格要求我们的供应基地做到我们所要求的事情，确保可回收的可持续产品可用于汽车和卡车。我们还要求我们的供应基地妥善解决劳工权利等问题，不仅仅是我们所对接的层级的人，还包括我们所能看到的更低层级的人。这肯定改变了供应商的行为，因为如果你想与我们做生意，你就必须做这些事情。"

首席执行官应从个人目标出发，激励执行团队和组织中的其他人找到自己的目标，并在组织中推动更高的目标。肯特告诉我们，他"从自己的领导者那里获得灵感，比如罗伯特·伍德拉夫（Robert Woodruff），他在20世纪的一半以上时间都在领导可口可乐。他致力于为我们的家乡亚特兰大及其他地区带来积极的变化"。

以这种方式有目标地领导也会对下一代产生持久的影响。肯特说："在可持续发展和建立更强大的社区方面，我们仍然在追随罗伯特的脚步。"我们在西普拉公司也看到了同样的效果，几代顶级领导者一直专注于更高的目标，无论业务、行业和市场条件如何变化组织都能持续为目标做出进一步的贡献。

领导者引导注意力，这反过来会使组织的下线发生改变。通过这种方式，首席执行官们通过支持目标和制定路线，使各种活动合法化，并投入时间和资源来达到更高目标。有一个关于注意力对个人和群体行为影响的重要人类行为原则——我们关注增长，部分是因为《U型理论》（Theory U）的作者奥托·夏莫（Otto Scharmer）告诉我们的那样——"精力会跟随关注"。尽管如此，如果您不是首席执行官也并不意味着您无法全力追求自己的目标和使命。

每位领导者都是某人的首席执行官

与首席执行官一样重要的是，对组织中的大多数人来说，他们的直接主管就是他们的首席执行官。无论您是行政领导、经理、总监、主管、合伙人，如果您领导其他人，您就是对您的团队成员有最大影响和与他们有最多联系的人。您的行动、抉择和价值观最能影响他们的日常工作经验。对他们来说，您代表着企业。

虽然一家公司，即使是一家非常大的公司，在外部看来是一个单一的实体，但它实际是一系列相互关联的团队。每个团队都有一位领导者，组织的每个部分都有自己的衡量目标驱动程度的方法。我们已经看到许多大企业中的个人领导者与他们自己的目标深深地联系在一起，他们已经变成了更大的实体中的目标灯塔。

澳洲航空（Qantas Airways）是一家澳大利亚公司，我们有幸多年来为之提供建议。澳洲航空经常被称为世界上最安全的航空公司之一，即使不是"最安全"的航空公司。我们目睹了该公司上下各级人员如何对安全不懈关注，形成统一认识，并为公司带来了目标。更重要的是，我们看到澳洲航空各级领导都在讨论发生金融危机时公司对他们个人意味着什么。这也给公司带来了直接的影响。当这个问题变成个人问题时，激励的引擎就被激活了：为什么这家公司的生存和繁荣对我来说很重要？对任何领导者来说，这是一个至关重要的问题。

领导者雄辩地谈到澳洲航空如何将澳大利亚精神传遍整个世界。我们亲自观察了一线团队成员对这一透明观点的积极反应，了解了领导者的内在目标，并可以看出这一观点对他们的影响有多深入。并不只是首席执行官自己激发了这种动力，而是每位领导者都真正地讨论了航空公司的真正目标和自己的工作。当我们作为领导者找到我们的目标时，我们会将这种精神和能量注入组织的其他部分。我们鼓励我们的团队成员、员工和同事找到自己的目标，并发现它如何与公司的使命保持一致，从而建立更紧密的联系。

我们在职业生涯的早期受到了直接领导者的影响，当时我们为一位名叫特露迪·索普（Trudy Sopp）的女士工作，她负责管理圣地亚哥市的一个部门。索普是组织效能团队的负责人。她一直提醒我们，我们与该市各部门的合作可以对员工和市民的生活产生重大影响。显而易见的是，她把帮助我们每个人充分发挥潜力当成了个人目标。这个目标具有传染性，我们看到这种使命感甚至影响了她的领导者，其中包括城市经理约翰·洛克伍德（John Lockwood）。索普不仅管理着共计12 000名员工的市政机构中最繁忙的市政部门之一，而且激励我们将目标与职业生涯紧密联系在一起。她可能没有首席执行官的头衔，但对我们而言，她事实上就是首席执行官。

说到目标，我们经常忘记我们对自己下属的重要性，无论我们的官方头衔或组织级别如何。不要羞于分享您的个人目标，也不要把注意力集中在比您级别高的人身上。记住，无论您的头衔是什么，您都是某人的首席执行官。说出你的目标并大胆分享吧！

比尔·福特和更美好的世界

福特汽车公司的执行主席亨利·福特（Henry Ford）的曾孙比尔·福特就是一个近乎独特的例子，说明了以一种明确的个人价值观和目标感来领导公司意味着什么。我们在迪尔伯恩的福特总部办公室与比尔·福特面对面交谈。很明显，目标对他来说很重要。他清澈的蓝眼睛坚定地表明他想要在世界上取得成就的决心。他一直很喜欢户外活动，年轻时会"在密歇根州北部的森林里度过每一分钟"。在普林斯顿大学上学期间，福特接触到了有关工业对环境影响的新思想。他阅读了蕾切尔·卡森（Rachel Carson）和爱德华·阿比（Edward Abbey）的书，他们的话深深地引起了他的共鸣。

大学毕业后比尔·福特回到密歇根州从事家族生意，他再次来到北部的森林，但情况正在发生变化。他注意到"在过去的几年里，那里发生了不同程度的环境退化，当我毕业后回来时，我对福特汽车公司对这些问题的存在缺乏认识感到非常震惊。这让我心烦意乱，我想我不知道自己是否能留在这家公司"。福特决定留下来，但只有一个条件。他对自己做出了承诺："如果我能改变它，我会留下来。对一个22岁的年轻人来说，这是一件相当天真的事情，但当时对我来说这很重要，所以我就向前冲了一步。"

福特感受到了他所看到的和他想要的东西之间的紧张关系。他决定留在公司，不是因为他看到了一条清晰的道路，而是因为他想通过正确的努力打造出一条道路。凭借更深层次的价值观，他赋予了他个人以目标和使命感，这使他能够推动福特汽车公司的可持续发展实践。

他意识到他的姓氏使他能够在公司内部对环境问题持比其他员工更强硬的立场，他知道善用自己的职位对实现他的个人目标是必不可少的。但即便如此，他说：

> 在公司的许多圈子里，我被看作疯子，有点被抛弃了的感觉。最初我被批评是环境问题领袖。这并不好玩，因为在20世纪90年代和21世纪初，我开始提出这个问题时，没有获得任何支持，无论是在商业界还是在工业界都没有。甚至社会组织也不喜欢我，也许和商业界一样，它们认为我肯定是披着羊皮的狼。

虽然福特觉得自己被边缘化了，但为了保护环境，他还是留在了赛场上。为什么？因为他能够对他所坚信的事情做点什么，这是值得为之奋斗的事业。他坚持自己的价值观，勇往直前，将自己的目标变为现实，这也影响着公司的一举一动。他喜欢户外活动，干净的环境对他来说很重要，他知道这对他人来说也很重要。他知道有一种方法既可以制造汽车创造利润，又可以不牺牲自己的价值观。

他告诉我们："我相信——并且我一直都相信，公司只有在真正让人们的生活更美好的时候才能存在；如果没有，那么它可能不应该存在。所以对我们的事业来说也是如此。我觉得我们必须消除任何障碍，环境影响正在成为一个巨大的障碍。"对福特而言，这比环境更重要，并延伸到改善福特汽车公司员工、客户和所在社区的生活，而且不仅仅是对今天的生活，甚至是对下一代的生活。

"就我而言，"他说，"我正在为我的孩子们和我的孙辈们工作，因为我希望他们有一天会成为这家公司的领导者，因此我关心他们所继承的公司和遗产。"他继续说道："当你的名字出现在公司的建筑物上并且在你离开公司后很久仍旧存在时，你会采取不同的行动。"

当然，每位领导者的名字都会被他们的团队记住，但人们是以正面还是负面的方式记住它取决于领导者的目标、使命和行动。领导者必须考虑他们将被铭记的东西。在福特的案例中，我们愿意承认他的可持续发展的遗产可能会持续下去并传给几代人。在会见了比尔·福特和福特汽车公司负责可持续发展的一些团队成员后，我们发现，很明显，管理公司的人看到了这个目标并把它作为其长期使命和持久遗产的一部分，即便它曾经只是比尔·福特的个人目标。

有目标地领导的最佳实践

- 为了有目标地领导，您必须忠于对您最有意义的原则、道德和事业，并利用您独特的品质、技能和地位来实现它们。
- 接受联合利华的保罗·波尔曼的建议，将他人利益放在自己利益之上，接纳您从反对者那里承受的风险和受到的攻击。
- 在涉及个人目标和领导团队时，坚持无畏的长期战略眼光，而不是短期思维。
- 相对于实现自己的目标，首先把注意力放在成就他人的事业或目标上，将无私与自我结合起来。
- 不要总是问自己想要达到什么目标，重新思考并问自己：我希望我留下的遗产是什么。
- 与您在组织内外所钦佩的领导者讨论他们是否可能扮演您的目标导师。
- 根据本章讨论的四个基本目标要素撰写个人目标声明。请定期回看这个声明，尤其是在讨论潜在的新计划和举措并做出艰难决定时。
- 作为领导者，专注于您的更高目标，提升对组织的持续贡献。您对目标的直接关注非常重要，它将影响组织下线所发生的事情。

| 第六章 |

驾驭工作目标，而不是工作职能

西班牙语中表示"工作"的"trabajo"一词，是拉丁语中表示"酷刑"一词的衍生词。当然，大多数人并不认为自己的工作是一种残酷的惩罚。事实上，大多数工作对生活于其中的人来说太微小了。员工之间的目标差距源于他们希望在工作中找到意义和目标，而不仅是获得经济回报，但他们意识到了他们的工作通常只是达到目标的手段。然而，当我们联系到我们工作的真正目标时，它就会从一种手段转变为一种结果。人们如何看待、理解和开展他们的工作将对他们的贡献和表现产生深远的影响。

动物园管理员的悖论

以动物园管理员的奇怪案例为例。虽然每10名动物园管理员中有8人拥有本科学位，但他们的平均年薪与其他岗位的相同专业人员相比很低，例如私营部门人员、科学研究人员或大学教师。典型的动物园管理员的工作职责涉及擦洗围栏、清理垃圾，以及在户外活动；并且通常没有足够的职业发展空间。这正是大学研究人员斯图尔特·邦德森（Stuart Bunderson）和杰弗里·汤普森（Jeffery Thompson）研究这些动物园管理员的工作满意度和贡献度的原因。

尽管存在上述缺点，研究人员发现，大多数动物园管理员对他们的工作非常满意，甚至感觉他们"天生就要从事这份工作"；他们对动物园的成就也有强烈的目标感。对我们来说，这种满足感背后的原因很简单：对动物园管理员来说，工作不仅仅是工作，它对他们有真正的意义。这是他们身份的一个重要部分，他们已经回答了这个问题。

在哈佛大学与安永合作进行的高级管理人员调查中，目标与现实之间出现差距的原因之一就是领导者在组织中实现目标并释放其能量的技能。公司失败的最大根源之一是公司误以为领导者知道如何在团队中推动目标。事实是，大多数领导者从未接受过如何为实现目标而领导的培训。公司培训领导者如何沟通，如何让人们负责，如何组织会议，如何使领导者更具吸引力，以及如何做更好的预测；但是当谈到为目标而领导时，我们只是假设他们知道如何去做，实际上他们并不知道！

并不是领导者不相信目标的力量。事实上，根据安永灯塔研究所（EY Beacon Institute）2017年6月的一份报告，73%的商界领袖表示，企业目标是成功驾驭经济不确定性和当今动荡世界的关键。然而灌输目标感并采取行动要求领导者知道如何沟通工作目标，而不仅仅是工作职能。作为领导者，我们需要学会阐明公司的使命以及它与我们团队中每个人的目标之间的关系。

为了真正加速提升业绩并在目标变革中争取新兴劳动力的支持，

领导者必须始终如一地努力帮助所有员工，让他们把工作不仅仅看作一种职业，更看作一种使命。这个任务不是改变人们所做的工作内容，而是帮助他们重新思考他们的工作思路。员工必须能够找到并理解他们工作中的内在目标。无论您是首席执行官、小企业主、中层经理还是人力资源代表，您都可以在这一过程中不断发挥作用，帮助员工找到意义，同时提高绩效。在此过程中，您也是在促进目标文化的发展。让我们通过探索工作或职业与使命的区别，以此开始研究这个过程。

人们如何看待工作非常非常重要！

近 20 年来，耶鲁大学管理学院组织行为学副教授艾米·弗泽斯涅夫斯基（Amy Wrzesniewski）博士一直在研究人们如何看待自己的工作。她的研究表明，大多数人都是以以下三种方式之一看待自己的工作。有些人认为他们的工作只是一个职业，是为了获得外部利益。这些人用他们的时间交换其他东西，通常是金钱或安全感。他们的工作既不是其他职业或学习经历的垫脚石，也不是他们获得深层意义的源泉。她称这种方式是"职位导向"。

弗泽斯涅夫斯基指出人们看待工作的第二种方式是"职业导向"。在这种情况下，这份工作是学习和成长的源泉，也是这个人希望从事的下一个职业的垫脚石。工作不仅仅是一种谋生的方式，而且是长期成功事业的重要组成部分。每个人所处的位置都是一个可视的职业发展轨迹中的某个步骤。人们关注的重点是爬上梯子并获得更好的工作状态。

第三种方式被称为"使命导向"。在这种方式中，人们认为他们的工作不是达到目标的手段，而是目标本身。这个想法来自拉丁语"vocatio"，用于描述宗教职业。在弗泽斯涅夫斯基的研究中，她对使命的解释是，找到一种方式，让你的工作能提供真正的服务，以及你认为与自身相关的最核心的东西。也就是说，你在自己所做的事情中找到目标和意义，并且对自己所从事的工作及其对世界的重要性感到敬畏。

弗泽斯涅夫斯基和其他使用过她的理论框架的人的研究清楚地表明，当人们将自己的工作视为一种使命时，他们就会更加投入、更加满足并致力于为组织做贡献。他们也不太愿意离开他们的雇主，甚至比那些把工作当成职位或职业的人更少打电话请病假。

虽然研究表明，许多因素会影响我们对工作的整体思考和感受，包括我们的父母如何看待我们的工作，但这也表明我们所做的具体工作类型并不能预测我们对工作的感受。例如，有些外科医生认为他们的工作只是一个职位，有些酒店管家认为他们的工作是一种使命。还有一些人虽在做同样的工作，但他们以不同的方式看待它：当一个人认为它只是一个职位时，另一个人可能将其视为一种职业，而第三个人可能将其视为一种使命。

这个想法反映了我们在1994年对《唤醒企业灵魂》一书进行研究时的发现。我们采访了3 000名员工，要求他们确定自己在职业生涯中最投入、表现最好的时间。毫不奇怪，他们的回答中涉及的最重要的两个因素是自己能否感觉到在工作中能做出有意义的贡献、工作是否适合他们的才能。研究表明，如果我们觉得我们正在为一个重要的目标服务并且我们的工作与我们的能力相匹配，那么我们更有可能将我们的工作视为一种使命。领导者在影响这两个因素方面发挥着重要作用。让我们首先看一看帮助他人发现目标，然后我们将讨论工作的适合性及其与目标的关系。

工作目标与工作职能

目标驱动的领导者要理解的最重要的概念之一，是工作职能和工作目标之间的区别。工作职能是一个人在其角色中执行的一系列任务，而工作目标是工作在其对客户或社会的影响方面的预期结果。例如负责在市政当局发放建筑许可证的人，他们的工作职能是审核许可证，但他们的工作目标可能是通过要求承包商和房主达到特定标准来确保公共安全。他们的目标还可以是帮助承包商和房主完成他们生计所需的工作，并改善他们的生活。

即使是更大角色中的特定任务也可以被重新构想并专注于目标。例如，通过与数百家公司合作，我们知道进行绩效评估并不受大多数经理人欢迎。造成这种情况的原因通常在于关注职能而非目标。绩效评估的功能是对员工进行评级，并作为员工晋升和薪酬决策的基础。但比职能更高的目标则要求更多。绩效评估提供改善个人职业或生活的反馈，有助于确保顾客和客户获得最佳服务。这些审查也有助于公司的最终成功，为在那里工作的人提供工作保障。

华特·迪士尼公司（Walt Disney Company）一直是区分职能和目标的支持者。在迪士尼游乐园，他们喜欢说无论你的工作职能如何，你的工作都是为了传播快乐。虽然员工的职能可能是收集门票、清洁浴室、在演出中表演，或在礼品店担任职员，但每个人的工作目标都是让游乐园的客人更快乐。不难想象这种思维方式有助于为那些看起来不那么有意义的工作带来更多意义。

当您可以帮助人们将他们的工作与目标联系起来，使他们将工作与职能相分离时，他们就会发现他们的职位会成为一种使命，而不仅仅是一份工作。他们的敬业度和工作表现将会提升，他们将对工作和个人生活更加满意。向组织解释目标和驱动目标需要练习，但一旦掌握了这些技能，就会对团队或公司的成功产生重大影响。

帮助人们寻求目标

想建立一种目标文化，首先要帮助人们想象他们的更高目标是什么，这个目标可不是他们的日常工作。这要求我们谈论工作的更宽泛的含义，谈论工作目标而不是工作职能是需要勇气的。有些人不好意思谈论工作的这层含义，或者他们认为最好与它保持距离并对此持独立或无动于衷的态度。其他人担心，围绕目标的会议可能会变得虚伪或不诚实，好像他们试图给团队成员洗脑一样。我们的建议是不要担心这些，并开始鼓舞人心。如果您是严肃的、真诚的，其他人会感受到您的良好期望，您将能够在整个组织中开始实现目标。

约翰有一个他自己的例子，这个例子展示了通过诚实和公开的对话推动工作目标的简单方法。他的第二本书《价值观的转变：招募、留用和激励多年龄层劳动力》（*Values Shift: Recruiting, Retaining and Engaging the Multigenerational Workforce*）出版时，仍处于直邮对图书销售产生重大影响的时代。他的咨询业务团队成员向人力资源总监发送个性化邮件，以促进图书的销售。周二早上，当约翰出发开始为期一周的长途旅行，并通过电话与团队联系时，他们似乎有些气馁。"好吧，不知道你是否还记得，"一名团队成员感叹道，"我们这周都在装信封，这并不是很有趣。"

约翰说他明白这不是最有意义的任务，但他希望他们能记住他以前的书如何帮助人们改变了公司、工作和生活。他继续说："我真的不知道有多少人会打开那些信封，我也不知道我们会卖多少本书。但是在接收我们本周发送的那些信件的某个地方，你将改变某人的生活。我们不是在装信封（工作职能），我们正在改变生活（工作目标）。"在给出了他最鼓舞人心的建议后，他却有些沮丧地得到团队成员随意的回答："好吧，谢谢！还有别的吗？因为我们有点忙。"

在那个周余下的时间里，当他打电话给他的团队核查工作时，约翰并没有费心询问装信封的事。当他周五下午回到办公室时，他注意到那里发生了一个微小而深刻的变化。在展示团队跟踪书籍销售情况的墙上，"销售书籍"的标准已经被"改变生活"所取代。他说："好的，伙计们，我知道这是你们为我做的。"

团队伙伴纠正了他，一名团队成员说：

好吧，实际上，当你和苏珊（Susan）通电话时，我们取笑你说："他很容易说我们正在改变生活，而不是在塞满信封。"

但在第二天中午，艾莉森（Alison）开玩笑说，她装了一个信封，"这是一个改变生活的信封"。

到周三时，我们开始认真谈论它。我们意识到我们不是为了赚钱而出售书籍，我们这样做是因为我们真的关心我们正在努力帮助的人的生活。工作任务虽然仍有点令人不快，但突然间它变得有意义。

这个简单的故事说明了一种微妙的方式，即领导者可以帮助人们将其思维由工作职能转向工作目标。

为了推动目标并将员工的工作目标与工作职能联系起来，需要直接解释他们任务背后蕴含的更大价值。例如，假设某人在大型五金店（如家得宝）的楼层里担任服务代表。他们可能具有回答客户问题和放置货架的工作职能，但他们的工作目标可能是帮助客户找到经济有效的解决问题的方案，并使他们能够学习新技能。在一对一或小组会议期间可能有必要重申这一点，但一旦员工将其理解并消化，他们就可能以不一样的、更积极的方式看待自己的工作。当员工了解他们为更大的整体工作做出贡献时，他们会感到自己与工作、同事和组织目标的联系。

请注意，这个想法也适用于团队。正如每个角色和个人都需要定义目标一样，整个团队也必须如此。当团队成员一起工作来定义和阐明他们工作的目标时，他们倾向于保持专注并对他们一起做的工作感到更积极。当团队开始认真地考虑团队目标而不仅仅是团队职能时，这样的交流会让人们有更高的敬业度。每个团队都应该有一个目标，而不仅仅是一个职能，每个团队都应该塑造自己看待目标的方式。

提醒人们他们带来了什么改变

我们的客户 Molly Maid 是世界领先的家居清洁服务商之一。当我们同意为该公司的特许经营者举办一场为期一天的目标导向研讨会时，我们像往常举办类似活动之前通常所做的那样，拿到了一份更成功的特许经营者的名单以便在会议之前采访他们。在与他们交谈时，我们发现他们的成功在很大程度上要归功于他们发现和推动目标而不是任务。

最成功的特许经营者之一是一位年轻女性,她虽然接触行业的时间较短,但做得特别好。在讨论如何领导她的团队时,她告诉我们:"打扫别人的家有时很难,而且可能非常地乏味。"她说,从她雇员工的那一刻起,她经常在每周团队会议和一对一谈话中告诉她的员工永远不要忘记他们正在给客户提供"你能给别人的最重要的礼物"。这礼物是什么?是时间。

"我告诉员工,时间是人类最珍贵的礼物,我们的工作就是把礼物送给我们的客户。随着使客户从打扫家庭中解放出来,他们可以花更多的时间陪伴孩子,有更多的时间爱自己,有更多的时间花在生活中最重要的事情上。我们不只是打扫房屋,我们在给人们时间这个礼物!"她不断提醒她的员工,他们正在做为别人服务的高尚工作。她的特许经营业务在客户服务、利润和员工留用方面都表现得很出色,对此我们毫不意外。

Molly Maid 还让我们与加拿大最大的特许经营店的老板交流。他将自己的成功归功于"彻底清洁房屋或公寓"的更高目标。在我们的探讨中,他说到了这样一个事实:他的许多客户都是老年人,可能没有多少访客。因此,他鼓励员工在客户到达现场或离开前多花几分钟与其聊天。然后他又提出了更大的挑战,让团队重新设计他们的工作以满足更高的目标:帮助人们缓解孤独感。员工和客户都非常欣赏这些举措,他们也建立了更牢固的关系,随之而来的是忠诚的顾客越来越多,员工也更加快乐。

另一个例子涉及金融服务业的成员。我们正在与一家大型零售银行合作,该银行试图让其客户服务代表向客户推销更多的银行服务。从商业角度来看,其功能是"从钱包中获得更大的份额"。换句话说,银行希望其客户带来尽可能多的财务需求和产品——贷款、信用卡、投资账户,还有更喜欢该银行,而不是使用其他银行的服务。虽然从客户身上获取更大份额的业务没有任何不妥之处,但我们发现当领导者专注于这种追加销售任务背后的目标而不仅仅是功能时,销售额增加了。

能使服务代表看到这些产品和服务可以帮助客户改变生活方式的领导者,始终优于那些专注于为客户简单地提供银行产品信息的领导者。在与员工的会议和谈话中,领导者们将增加销售任务设定为工作目标,解释说他们能"帮助客户简化他们的财务生活,使客户获得满足他们需求的最佳产品"。以这种方式表达,使许多服务代表感到更加充实并积极帮助他们的客户,而且更热情地向客户推荐其他产品。银行的销售额随之增加,员工的工作投入度也得到提升。

◎ 练习:驾驭工作目标,而不是工作职能

通过让员工考虑从工作职能转向工作目标,您可以帮助员工做出重要的转变。思考员工的工作如何为他们提供更多的个人意义,以及如何为他人带来改变。

首先,列出员工责任范围内的主要工作职能,并简要描述工作的职责和任务。其次,集体讨论令工作有所改变的一系列方法,它们将如何使人们的生活、社会或地球变得更好。最后,制定简单的目标或更高级的声明。以下是一些能让您受到启发的例子。

工作角色	工作职能	工作目标
医院看门人	清洁地面、病房、浴室、办公室	提供干净、安全、整洁的环境，以促进病人康复和健康
动物园管理员	清洁围栏；喂养动物	保护动物，让它们的生活更美好，帮助人们了解自然
女佣	清扫房子	给人们"时间"这一礼物，缓解孤独感
酒店管家	整理和清洁房间	照亮客户的一天，确保可利用的废弃物得到回收
银行客户服务代表	给客户推销银行服务和金融产品	简化客户的生活并提供满足他们需求的最佳产品

让团队成员宣读自己的目标

学术文献中有一个被称为工作形塑的概念。这个概念是指，个人通常有很大的能力来设计自己的工作，无论他们如何看待自己的工作以及背后的意义。人们倾向于把注意力集中在他们认为更有意义的地方。虽然我们很欣赏迪士尼所采取的方法，即建议公园里的每名员工都有相同的目标——传播快乐，但我们的经验是帮助人们确定自己工作的具体目标，这种方法在推动目标上更加强大。

几年前，我们与一家大型律师事务所合作，当时每个人都在经历一个过程，以确定他们的角色目标。总办事处经理告诉接待员，她（接待员）的目标是成为办公室的客户和访客的"第一印象代表"。他说："你是我们客户来到这家公司时第一个与之互动的人，你给他们的印象会告诉他们我们是什么样的公司。"经理有很好的直觉：接待员的职能可能是接听电话和迎接访客，但从公司的角度来看，她的目标更大。

接待员喜欢经理的想法，但当被问及她自己理解的工作目标时，她说："我的人生目标是，每天遇到我的每个人都会得到积极的一面。我希望他们对世界感觉好一点，因为他们遇见了我。我坐在这张桌子上是为了给世界带来更多友好。"那一刻，她明显很兴奋，说道："我知道我给公司留下了第一印象，但我的工作意义比那还要大！"

虽然领导者帮助人们发现他们的工作目标是有益的，但让人们参与定义他们自己的目标会更有影响力。你可以用你的目标、价值观和使命，或者公司的目标来激励他人，但你不能只是给别人一个目标。让人们谈论和思考工作目标与我们最后选择的描绘某人角色的任何表述一样重要，甚至前者更重要。因此，领导者不仅要通过帮助人们超越自己的工作职能来激发目标，而且还要为个人提供支持，让他们能够找到自己的目标。

通常情况下，人们为自己制定的目标远比其他人赋予的目标远大得多。因此，与团队成员就激励他们的动机以及他们如何定义目标进行对话至关重要。我们越能帮助我们的员工和团队了解他们的工作如何让同事、客户、社会和世界变得更美好，我们就越会发现工作正在成为整个组织的使命。

一个简单的例子可能会有所帮助。在过去的 20 年里，我们在酒店业和航空业做了大量咨询工作。我们回忆起与费尔蒙酒店（Fairmont Hotels）合作，帮助其员工确定工作目标的生动例子。酒店管家通常把提供洁净的房间作为目标，通过微笑或友好的谈话照亮商旅达人远离家乡的时光，并在客人办理入住手续后作为许多客人的主要联络员。

换句话说，他们的目标与客户有着直接的关系。

然而，一位管家对她扮演的角色感到非常兴奋，她确保从她每天清洁过的房间里回收的所有东西都可以放入回收箱。"环境对我和我的整个家庭都很重要，这是我为子孙后代所做的事情。酒店支持我并优先考虑我的工作意义。"这位女士将她的工作意义，也就是她工作职能背后的目标提高到一个新的水平，但很多人不一定会考虑这些。但她将自己的工作与家庭幸福及整体环境状况联系起来，她的老板和经理也能全心全意地支持她。

福特汽车公司全球可持续发展总监约翰·维埃拉（John Viera）向我们展示了一种帮助他人找到目标的更有趣的方法。作为努力让团队成员参与可持续发展以及福特创建更美好世界的目标的一部分，该公司发起了一项调查，要求员工确定他们在当前角色中如何为可持续发展做出贡献。我们喜欢这种方法，因为它不是简单地告诉人们他们是如何做贡献的，而是让团队成员能够公开表达并定义在他们工作中已经存在且对他们有意义的内容。我们建议领导者进行类似的调查，以帮助员工在他们的岗位上形成对他们有意义的认识。通过这样做，您可以促进他们与工作目标、工作职能的联系，并且您可以更多地了解他们的目标和方法。

对领导者来说，问题就变成了：我们是否帮助人们了解他们的日常工作如何为更美好的世界、社会和地球做出贡献，以及为客户提供更好的生活。正如我们到目前为止所说的那样，越多人直接参与回答这些问题越好，但是领导者必须通过定期谈论他们自己的目标来建立工作目标，帮助团队成员将工作分解为目标而不是职能，并提出帮助每个人发现自己目标的问题。

帮助人们找到他们的"工作适宜度"

如上所述,研究表明,将工作视为一项事业有两个关键因素。首先是看到工作如何发挥作用,通常是对同事、客户、社会或地球做出一些贡献。其次是我们称之为工作适合度的事情。也就是说,一个人是否觉得他们的日常工作与他们的才能和个人天赋一致。找到这两个因素之间差异的一种方法是将我们所执行任务的结果(例如,时间的赠予、减轻孤独)与特定任务(例如,清理房屋)的即时体验进行比较,我们称之为工艺(craft)。

例如,与我们共事的一位医生就是关于目标和工艺的一个很好的例子。在从事心脏病学研究多年后,他决定担任高级行政职务。虽然他对帮助整个卫生系统更有效地为患者服务有着强烈的目标感,但他失去了解决特定临床问题的乐趣,因为这个过程给了他一种真正的事业感。他经常发现自己在新的领导角色上缺乏这种感觉。他的问题就在于工作适合度。我们讨论了解决他问题的方法。我们首先谈到了他目前的工作职能以及其背后的目标。然后我们讨论了他认为的自己作为医生的长处和他喜欢的任务。在整个对话过程中,我们集体讨论了他如何吻合这两个要素。

在我们的会议结束后,他决定参加每周一次的医疗专家临床综合报告会议。在这些会议中,一大群心脏病专家将讨论特别棘手的临床病例,以努力探索解决方案。通过每周只花一小时参加这些会议,解决一些临床难题,他作为管理人员的工作获得了新的意义,并重新与他的使命联系起来。通过将两个元素——目标和适合度联系起来,他真正感受到他正在做他本来应该做的工作。

为了帮助您的团队成员专注于他们的事业，请与他们讨论目标和工艺。讨论工作的哪些任务或方面赋予他们最大的意义，然后帮助他们找到方法从而让这部分工作更适合他们。您可以正式或非正式地进行这些讨论，这取决于您认为哪种方式能够给这个人提供最舒服的环境。在这个过程中，您将与员工建立一个更紧密的纽带和联系，更好地了解他们的动机。您还应该分享您自己的个人目标以及您认为它与公司的使命和长期目标的关系。帮助您的团队成员看到您也在积极寻找使命感，并展示您是如何在组织内部努力的。

◎ 练习：与您的团队交流

与个别团队成员就他们的价值观和目标进行非正式对话并没有错，但如果您想证明您对目标的认真态度并帮助人们亲自与之建立联系，举行更正式的团队会议是一种很好的方法。

- 首先解释工作职能和工作目标之间的区别。
- 然后讨论团队执行的工作职能。让他们识别这些职能并将其写在会议室的白板上或其他可见位置。
- 接下来，讨论每个职能背后的目标。如果可能的话，要求房间里的每个人发表意见。
- 在职能旁边写下目标。

一开始通过询问人们最感兴趣的目标来缩小对话的范围，看看是否还有其他要补充的。你会发现一些团队成员有更大的目标，但他们觉得他们的才能没有被最有效地利用。

一些团队成员可能会享受其他人没有的某些任务，因此请让他们谈谈这一点，看看您是否可以根据这个讨论更好地委派工作。这种类型的会议有助于帮助他人找到他们的个人目标和团队目标以及他们适当的工作。与"仅仅是另一份工作"相比,要让所有人与事业联系起来。

PUB（休闲）食品的更高目标

即使是首席执行官也可以体验从工作职能到工作目标的转变,这种转变对他们自己的工作和最终的组织都有变革性。Applebee's 是我们之前合作的客户,这是一家领先的连锁餐厅,在全球拥有 2 000 多家休闲店。劳埃德·希尔（Lloyd Hill）于 1997 年成为首席执行官,在他领导的十年期间,公司的市场份额和盈利能力都显著提升。希尔告诉我们一个他成为 Applebee's 高管后头几个月发生的故事：

为了熟悉现场运营,我出去看了几十家餐厅。当我去不同的门店时,我注意到了一种模式。

在一些餐厅,人们记住顾客的名字,知道他们最喜欢的菜肴。工作人员以明显的积极态度相互对待,他们直接参与社区的公益和慈善活动——从参加癌症主题游行到帮助无家可归者。而在其他餐厅,情况正好相反。他们不记得你的名字或你最喜欢的菜肴,工作人员彼此相处得不是特别好,他们没有参与社区活动。

离开一些餐厅后,我觉得这个世界更好了一点,而离开另一些餐厅后我感觉这个世界有点糟糕。

当希尔考虑到这种差异后,他写下了一句简单的话：在 Applebee's,我们的业务是为了让人们在我们的餐厅所度过的时光中感到生活更美好了一些。这个关注点使他从工作职能（我们出售食品）转移到了工作目标（我们让人们的生活更美好）。这种转变为希尔个人带来了巨大的变化，后来成为他与员工和领导者沟通的关键部分。随着时间的推移，希尔和他的高管团队采取了这个简单的办法来提升敬业度，即设置一个比销售食品更大的目标。Applebee's 在希尔任职期间成为休闲用餐领域最成功的连锁店，尽管他无法直接把功劳归功于目标的转变，但他认为通过推动目标，该组织的能量显著地提高了。

当我们看到工作的更高目标，即工作成为一种召唤使命的方式时，最高层领导者的工作就会改变。在希尔服务的十年期间，Applebee's 发展势头强劲，并且知道我们对目标的态度，这也就不足为奇了。无论是首席执行官还是最前线的人，这种接近工作目标而远离单纯的工作职能的转变，能够使伟大的公司在目标变革中茁壮成长，还能为每名团队成员带来新的意义和活力。

每个人都可以推动我们的公司走向目标

当然，很多人在想，我不是首席执行官，如果我的公司没有那种我希望的鼓舞人心的目标怎么办？或者如果目标在那里，但它却是沉睡的呢？我对公司有什么实质影响？我们认为雷·安德森（Ray Andersen）的故事特别具有启发性，它是可持续商业圈中的民间英雄。

大学毕业后，安德森成立了英特飞地毯（Interface Carpets）公司，这家公司后来成为全球最大的模块化地毯生产商，产品遍及110个国家。然而，他最著名的成就是努力推广环保事业，包括寻求零浪费和零排放。自2011年他去世以来，他的公司仍然是可持续发展的领导者，他生前更是亲自激励了数千位领导者更加认真地对待公益事业。

为了帮助思考，还有一个关于首席执行官对目标的影响的故事很值得探讨：安德森如何成为冠军以及什么使英特飞朝着更美好的未来前进。虽然他读了我们的同事保罗·霍肯（Paul Hawken）的一本书《商业生态学：可持续发展的宣言》（*The Ecology of Commerce: A Declaration of Sustainability*），但真正的问题是：为什么他要费心去读这本书？

在 20 世纪 90 年代中期，英特飞的一些大客户开始向销售人员询问其地毯的环境可持续性、工厂废弃物的产生情况以及废弃物的数量。于是一些销售负责人认为英特飞需要一个可持续发展计划，并询问安德森是否可以组建一个工作组。在首席执行官的祝福下，他们还询问他是否会参加他们的第一次会议并分享他的个人"可持续发展愿景"。

安德森承认他从未真正考虑过环境可持续性，但他开始了一项任务，其中包括阅读霍肯的书。其余的事情正如他们所说，已经是历史的一部分了。那些要求组建工作组的少数销售人员不仅开启了首席执行官的旅程，而且还最终成为我们这个时代最成功的目标导向的公司的起源。他们的名字并没有被人们铭记，但他们的影响是不可否认的！

所以，您可能不是首席执行官，但当我们每个人都想到我们的工作目标而不仅仅是我们的工作职能时，我们所带来的影响可能是难以想象的。

驱动目标的最佳实践

- 主动谈论工作目标而非工作职能。当您诚实和公开地讨论目标时，您的团队和同事更有可能与所述目标相关联。这需要勇气，但结果可能令人震惊。

- 要将员工与工作目标联系起来，直接解释他们提供的更大价值，而不仅仅是他们需要执行的任务。在小组会议和一对一会议中、绩效审查期间以及讨论新项目或倡议时重申这一价值。
- 制作一张表格，列出工作角色、功能和目的，以帮助发现并更好地阐明员工和团队职能背后的目标。
- 用您或公司的目标、价值观和使命激励他人，但也要帮助他们发现和定义自己的目标。
- 帮助人们在工作中找到他们的使命。了解他们的价值观和愿望以及为他们带来意义的因素，然后为他们提供与他们的使命感相关的工作、角色、任务和志愿服务机会。
- 让员工想象他们工作和任务的更高目标，然后专注于他们如何为客户、社会和地球带来改变。
- 与您的团队召开研讨会或进行谈话讨论，以他们自己的语言将他们的工作与更高的目标联系起来。

| 第七章 |

获得一个可以实践的目标

多年来,约翰一直在每年一度的股份有限公司500强会议上发表主题演讲,500家发展最快的私营公司代表在会场齐聚一堂。20世纪90年代中期,在《唤醒企业灵魂》出版后不久,社会责任商业运动才刚刚开始。有一年约翰演讲后,一家崭露头角的零售商的首席执行官问约翰一个他作为首席执行官与员工相处所经历的问题。

"我们是一个对社会负责任的企业,"首席执行官告诉约翰,"我们为慈善机构付出很多,我们有一系列的价值观,我们关心员工,我们为客户提供了一个惊人的产品。上个月,大约50名员工自愿与市中心的孩子们一起工作。他们回来后特别兴奋,我以前从未见过他们那样投入。您觉得我怎么样才能在办公室找回这种能量呢?"

他的问题很重要,这与我们多年来与许多组织接触时所遇到的问题有关。他的公司正在做许多正确的事情:它有一个目标,它是慷慨的,它对客户和员工都很好,但却缺少了一些东西。随着与约翰进行更深入的探讨,他很快发现公司的大多数与目标有关的活动都是由高级领导人领导的。除志愿者日外,他们所做的大多数以目标为导向的工作都是以慈善捐款的形式进行的。

公司的价值观和使命是鼓舞人心的，但当约翰询问有多少员工参与塑造这些价值观、他们在日常工作中与公司的社会使命有何关系以及他们对决定公司捐钱地点有多大影响力时，这位首席执行官耸耸肩说："好吧，他们没有。"

他的员工感到很茫然，感到自己与实现目标的过程被隔离开来，这也就非常自然了。我们对他的建议很简单："让您的员工更多参与，让他们抓住您的目标。现在，目标是您的，您需要找到一种方法让他们觉得这是他们的。"

一般而言，如前所述，企业试图以自上而下的方式激活目标：领导者决定使命和价值观，然后将其传播给员工。该公司决定支持哪些慈善活动，但其中大部分都是通过隆重的仪式将支票交给选定的慈善机构。公司可能鼓励员工将一小部分薪水捐赠给联合劝募会（United Way）等知名慈善机构，客户也只能是公司慈善事业的单向广告信息的被动接受者。

我们并不是说慈善捐赠并不重要，也没有说公司必须在没有得到利益相关者广泛同意的情况下采取行动，但在社会公益时代公司蓬勃发展需要新思维。今天我们的人才和客户也渴望参与其中，亲自动手，并认为他们正在为创造一个更美好的社会和地球做出直接贡献。他们希望参与塑造公司的价值观，并参与决定改变世界的工作。员工还希望公司帮助他们参与这一变革。

这是一个重要的转变。在过去，如果一个组织被视为做好事，员工和客户很乐于坐在场边当个旁观者。而在目标变革中，他们希望站在前线。您的团队成员希望帮助公司塑造目标和价值观，您的客户希望与您合作，共创美好世界。我们把这种转变称为"从旁观者转变为参与者"。为了让公司在社会公益时代茁壮成长，领导者需要找到方法来实现我们所谓的可以实践的目标。

从旁观者到参与者

从旁观者到参与者的转变对整个社会都产生了难以预料的重大影响，而对商业的影响同样重大，商业变革就是在这样的大背景下进行的。在北美，"千禧一代"已经摸索出一种比上一代人更加平等的育儿方式。相对于父辈们常常使用"因为我说了算"这样的方式沟通，"婴儿潮一代"允许他们的孩子在很大程度上参与探讨自己的生活方式。父母可以与孩子们在杂货店里闲逛，争辩要买哪种谷物，这也见证了育儿方式已经发生的变化。

在北美的学校中也是如此。几乎每个"婴儿潮一代"都有一个关于天主教学校里的朋友的故事，他们的朋友受到严厉的修女的高标准管控。与之相反的是，他们的孩子经常能与老师商讨项目成功的标准；从数百万种在线选择中选择所需内容（书籍、电影、音乐、杂货、衣服等）；通过社交媒体随时邀请人们进行定期联系并互动；在开放型公司中，经常接触到领导者并且直呼其名。这样的从旁观者到参与者的转变无处不在。对于参与性更强的父母、学校和商业环境的优点也许不同的人各有所见，但可以确定的是，每个人都期望能参与其中！仅仅作为旁观者的年代已经过时了。

发展中国家也经历了这种转变，人们能与世界上任何人在一纳秒之内建立联系。如今的员工和客户不再希望待在一旁，他们渴望参与其中。在这个新世界中真正能够蓬勃发展的组织正在实践眼前的目标。团队成员正在帮助公司塑造使命、价值观和宗旨，公司为他们提供让他们在工作中发挥与众不同的作用的方法，员工和客户都对公司如何致力于创造更美好的世界有发言权。

使参与变为你的激情

公司需要不断地寻找吸引团队成员的方法，从而更直接地造福社会并塑造公司的价值观和目标。重要的是公司要对重大问题具有远见卓识，例如气候变化和贫困等。但是除非您的团队认为他们直接参与了使世界变得更美好的有意义的尝试，否则目标将会落空。

Emzingo 联合创始人兼管理合伙人德鲁·邦菲格利奥对新兴的以目标为导向的员工有着清晰的认识。他的公司为年轻的人才设计程序，使他们在公司内外体验有意义的工作。一个例子是公司与西班牙信息技术咨询公司 Everis 合作。Emzingo 与 Everis 设计并举办了一系列研讨会来培训其高潜力员工和经理。其中一场为期两天的研讨会的主题是行动学习，把社会影响力作为实践学习的工具以寻找工作的意义和目标。

通过与包括社会组织和社区组织在内的当地合作伙伴建立联系，Emzingo 识别出这些员工可能面临的挑战。员工随后运用他们以前的经验和从研讨会中学到的新知识寻找战胜这些挑战的办法。在这些类型的项目中，参与者被鼓励定期反思企业的角色定位，社交创新如何对企业产生积极的影响，以及组织中的个人如何获得意义和目标。

邦菲格利奥告诉我们，人们常常会因为 Emzingo 的项目而受到激励。但当他们回到工作岗位，他们的公司或领导者却不明白目标对他们有多重要，此时他们往往会觉得相当沮丧。他还解释说，当人们参与到这些与众不同的项目中时，不仅他们的敬业度会得到提升，并且他们也因此渴望能在工作中复制项目中的经历。他强调，年轻员工希望在工作中让这些全部实现：他们希望拥有一项伟大的事业，感觉在通过行动让自己变得与众不同。他告诉我们："这些人就是不想安定下来。"

在 3M，可持续发展已经逐渐成为公司使命的核心，公司团队成员告诉我们新兴的焦点正在深深地激励着他们。这家新兴公司的目标围绕着改善生活的理念展开。它由三部分组成：3M 技术推动每一家公司，3M 产品提升每一个家庭，3M 创新改善每一个人的生活。在它的网站上 3M 传达了其鼓舞人心的宗旨："改善生活是一项激动人心的事业，也是一项宏伟的事业。这是正确的事，也是我们的核心所在。"改善这个星球和每一个生命，是其核心目标的中心，它也必须包括团队成员实现这一目标的方法。

3M 曾经以此而闻名：赋予员工 15% 的时间从事自己选择的创意项目。这些时间正越来越多地用于与可持续发展的未来有关的项目上。3M 首席可持续发展官琼·斯威尼说："我们正在努力的目标之一是帮助每个职能部门了解其在可持续发展中的作用，而不仅仅是那些拥有可持续发展头衔的人。"

3M 举办了可持续发展周活动，其中包括参加研讨会和竞赛，以成功吸引全球范围内的员工。其中一项比赛的内容之一是为重大问题寻求可持续解决方案。团队之间展开竞争，获奖者向包括首席执行官、高级研发副总裁、首席营销官和首席可持续发展官在内的高级管理人员小组介绍他们的想法。员工们投票支持他们最喜欢的想法——无论是否与产品和服务或者与公司计划直接相关——获胜者会获得营销和研发资金以使他们的计划付诸实践。

在道路安全、能源生产、人类健康等领域，成功的产品和计划创意已得到广泛应用。通过该计划，3M传递了明确的信息：公司中的每个人都是可持续发展的领导者，可以真正做到与众不同。换句话说，每个人作为团队成员正处于目标的中心，而不仅仅是遵守目标。

像3M一样，德国公司汉高（Henkel）将可持续发展作为其业务的核心："'创造可持续价值'是我们将汉高团结在一起的宗旨。"作为一家积极努力在工作场所、社会和环境中实现其目标的公司，汉高致力于"在人、地球和职业之间取得平衡"，并对"可持续性的所有要素"采取"长远的、企业家的态度"，"旨在不仅要遵守现有标准，而且还要制定新的标准"。对可持续发展的承诺一直是其成功的"主要动力"。

但是汉高如何使这些理想在现实世界中得以实现？在2014年接受麦肯锡（McKinsey）的访谈时，汉高首席执行官卡斯珀·罗思德（Kasper Rorsted）回答了这个问题："许多公司都制定了可持续发展战略和目标，但只有在所有员工都能理解这些战略和目标所隐含的基本原则时，可持续发展才能成为人们日常工作的组成部分。当我被问及汉高有多少员工致力于可持续发展时，我总是回答47 000。每名员工都有责任，每个人都做出了贡献。但是为了做到这一点，他们需要了解并深入理解我们的战略。"

罗思德接着描述了让每个人都参与可持续发展的重要性。公司还针对其2030年可持续发展战略举办了研讨会。在研讨会上，"各级管理人员及其团队针对各自特定领域制定了可持续发展行动计划"。公司在全球共举办了 670 场研讨会，制定了约 6 000 项实施计划。

这些研讨会的一个显著成果是"支持员工成为'可持续发展大使'"。他们负责展示积极的形象，"向同事、供应商、客户和学生谈论可持续发展"。他们还负责提供可持续发展课程和学校参观活动，这方面所取得的成果令人印象深刻。罗思德说："我们培训了 1 300 多名可持续发展大使，23 个国家的 6 700 多名儿童参加了可持续发展课程"。

练习：激励您的团队参与可以实践的目标

无论您的公司有多大，这些类型的项目和活动都不难实施。以下是您作为领导者可以做的一些事情：

- 举办年度比赛或宣布一项适时的新举措，以帮助员工不仅思考目标，而且想出切实可行的方法将其融入公司。
- 给员工自由时间集思广益，讨论他们个人和公司如何应对可持续发展、企业和社会责任以及环境保护等问题。如果他们有一个很好的想法可以付诸实践，不要等待，立即行动！
- 让您的员工参与决定您的慈善捐赠的去向。事实上，也要让您的客户参与进来。
- 赞助每年一次的捐赠日或类似活动，让团队成员定期做志愿者。
- 在您服务的主要地区建立一个社区委员会。让这些委员会来指导慈善捐款和志愿者应该服务的领域。
- 通过招收"拥护者"来发展或领导基层工作，支持企业社会责任（CSR）倡议和目标。

- 每年为员工提供一定的时间去做志愿者或社区工作。
- 发展正式的社会实习生项目或服务团队，为员工提供解决社区中的社会经济问题的机会。
- 与客户、社会组织、政府和其他企业结成伙伴关系，合作解决共同的社会经济或环境问题。为员工提供领导和参与这些合作关系的机会，让他们向组织汇报，进行演示，形式包括视频和关于他们所见所闻的证明。
- 鼓励每名团队成员每年参加一到两个项目或活动。

志愿服务是双倍回报

为了缩小目标差距，帮助员工实现自己的实际目标，有必要支持和倡导员工通过为他人的福祉做出贡献来充实自己。员工希望为一家对世界产生积极影响的公司工作，由公司提供项目舞台，让他们可以与同事一起应对当地或全球的挑战。仅仅宣传您的公司重视社会或环境问题是不够的，您必须在公司内外展示您的投入，并确保您的员工有机会参与其中。

《福布斯观察》（*Forbes Insights*）2011年报告称，60%的受访公司同意"慈善和志愿者精神对招聘到年轻合格员工至关重要"的说法。制定内部志愿者计划、允许志愿者为参加活动而休假、举办社交和社区活动等是让员工参与他们所关心问题的一些方式。

目标变革重新定义了公司与员工之间的社会契约，超出了原来按时间付薪和产出的交易性契约。随着公司意识到非工作经验（例如社区活动和志愿者项目）的价值，员工的学习和发展计划正在发生根本性变化。

例如，思科的全球计划"回馈时刻"（Time2Give）每年为员工提供40小时的带薪志愿服务时间！这段时间并不是来自他们的其他假期或带薪假。此外，志愿者活动往往是思科场外会议的一部分，因为该公司认为"回馈"是其DNA的一部分。2015年，员工为他们个人选择的非营利组织或事业提供了超过155 000小时的志愿服务时间。思科当年的收入为492亿美元。

LinkedIn的一个目标组织研究案例展示了一家受欢迎的美国非营利性小额信贷公司Kiva如何给员工提供一个在工作之外有所作为的机会，同时也让员工了解公司如何直接影响客户。Kiva的使命是通过贷款来使人们减轻贫困。大多数人加入Kiva是为了帮助他人，但随着该公司与全球的贷款机构和客户一起运营一个数字平台，这种体验可能会消失。取而代之的是，Kiva刻意将影响力融入员工体验。

每隔一年，Kiva会为每名员工提供一次国际旅行，让他们前往客户处，直接体验Kiva的影响。当他们回来时，员工会正式地与同事分享他们的经历。这种做法产生了源源不断的有影响力的故事。每名员工每两年就要重复一次旅行，以保持工作和目标之间的情感联系。

公司发现志愿服务是双倍回报。它不仅是在竞争激烈的劳动力市场中吸引顶尖人才的关键因素，而且有助于提高劳动力的健康水平和活力。研究表明，在过去一年中，78%的志愿者表示压力水平较低，76%的人表示志愿工作让他们感觉更健康，志愿者普遍表示他们回来后会成为更好的领导者和表演者。"千禧一代"特别热衷于慈善事业和社会参与。一项调查发现，63%的人对慈善机构进行捐赠，43%的人积极参加志愿活动或者是社区组织的成员，52%的人签署了请愿书。

领导者如何将目标转化为利润

给人们一个可以实现目标的机会，能对一个团队甚至一家公司产生巨大的积极影响，无论其规模大小。以德布·埃利奥特（Deb Elliott）为例，她几年前接管了温哥华罗布森街的一家名为 Body Shop 的知名零售店。这家零售店在销售方面表现很差，员工也没有那么投入。当埃利奥特接任零售店经理时，她本可以专注于销售，激励团队成员赢得更多客户。但相反，她花时间找出了年轻员工最关心的事情。很快，唤起人们对当时快速流行的艾滋病的认识成为她的每一名员工所向往达成的目标。

团队开始一起做志愿者，他们越是深入地投入此事，他们在商店的敬业度也就越高，这个目标成为意义的源泉。在埃利奥特任职期间，该店销售额稳步增长，从长期表现不佳转变为业绩优异。这个故事是一个很好的例子，说明您不需要成为首席执行官就可以收获亲身实践目标的好处。它还表明，让人们参与实践目标的好方法往往与核心业务无关。埃利奥特发现，当您让人们参与实践以改变世界时，他们对业务的整体贡献度就会提升。

为员工提供志愿服务机会，让他们获得振奋人心的新学习体验，给他们机会采取行动，使他们直接面对他们关心的社会疾病或问题。这种行为还向客户和投资者表明，比起生意您更应该关心的是道德底线，而且您愿意带领您的团队朝着正确方向前进。在今天，没有人愿意为一家没有灵魂、没有声望的公司工作或向其采购。您需要强调您的公司为积极变革所做的努力，否则您的公司可能会变得无关紧要，不能达成那些全心全意拥抱目标变革的公司的成就。

IBM 的目标实践

当我们采访 IBM 的社会责任副总裁兼 IBM 基金会主席珍·克罗泽时，她告诉我们："靠薪酬行善已经过时了，投入改变世界的实践才是当下的选择。我在很多大学演讲，学生们告诉我们，'不要只是给我机会，让我获得薪水；要给我一个投入实践改变世界的机会'。"考虑到这一情形，IBM 建立了企业服务团队，这是一个实践目标的原初例子。

公司通过该计划选择高级管理层的潜在候选人，然后培训这些领导者并把他们派往世界各地的新兴市场。参与者 10～15 人为一组，花四周时间帮助解决所选社区的经济和社会问题。团队与政府和社区合作，在全球范围内开展履行社会责任的业务实践，并取得可衡量的成果。

IBM 的企业服务团队展示了目标如何在同一时间带来多种不同的好处。最明显的好处是直接有利于参与者。我们发现参加此类项目的人能觉察到自己的生活发生了变化，巩固了与公司之间的关系。与深入参与实践的同事一起工作也是一种回报，将您的工作与让世界变得更好联系起来是无价的体验。员工感谢公司为他们提供了有意义的时光，而不是仅仅将时间用于日常工作。在此过程中，团队成员可以直接了解新兴市场，并帮助公司为这些社区量身定制服务，他们还可以从全球化角度获得新的领导技能。

据 IBM 称，自 2008 年成立以来，该企业服务团队通过帮助社区学习新技能和帮助人们提升对未来的适应能力，对超过 14 万人的生活产生了积极的影响。该项目已向 40 多个国家派遣了 250 多个团队共 4 000 多名参与者。参与者来自 60 多个国家，为阿根廷、巴西、柬埔寨、智利、中国、哥伦比亚、埃及、埃塞俄比亚、加纳、印度、印度尼西亚、哈萨克斯坦、肯尼亚、马来西亚、墨西哥、摩洛哥、尼日利亚、秘鲁、菲律宾、波兰、罗马尼亚、俄罗斯、塞内加尔、南非、斯里兰卡、坦桑尼亚、泰国、突尼斯、土耳其、越南、阿联酋和乌克兰这些国家的社区提供服务。该计划每年都将继续扩展到新的地点。

克罗泽说,这个计划以及IBM的其他类似计划,"对员工来说它就像氮气一样,提升了所有指标,比如敬业度、领导技能,90%参加过企业服务团队的人都认为这是他们一生中最好的经历之一"。她说,每年有数千人在争夺这500个名额。

IBM表示,参与该计划的团队成员的离职率基本为零。与他们在IBM的工作相关联的实践体验,令参与者与公司之间的关系变得更加紧密。并不是公司里的每个人都能被派去执行这样的任务,但即使只是有这样做的机会,以及知道公司正在开展如此重要的工作,也会增强员工与公司的整体商誉。正如一位IBM员工对我们说:"这个'创造一个更智慧的地球'的想法让我为成为这家公司的一员而感到自豪。"

在IBM,员工和退休人员还可以参与一些不太商业化的活动,包括在学校或社区儿童组织做志愿者,并就志愿服务的未来与其他参与者进行沟通。克罗泽说,这个活动的想法"是给人们一份机会菜单,然后让他们自行选择"。

无论是志愿参加一天的服务还是一个长期项目,都有助于塑造公司的价值观。无论是在厨房工作,或花工作时间集思广益思考关于可持续发展的想法,还是成为可持续发展的倡导者,关键是让社会变得更好不仅仅是公司所做的事情。您需要找到一种方法来帮助您的员工实践目标。在这个过程中,您还能想方设法把客户也直接吸引到这样的实践中来。

IBM 通过企业服务团队和其他计划在其服务的社区和国家的潜在客户中赢得了良好的商誉。除了有的放矢地与员工沟通，您还需要与客户沟通，向他们展示您是如何努力实现变革的，同时也为他们提供实践目标的途径。

◎ 练习：推广志愿服务计划和机会

建立和推广志愿服务计划和机会可能比您想象得更简单，以下是您和您的团队可以采取的一些行动。

- 让您的团队集思广益，列出您的公司已经与社区或任何类型的慈善组织（当地、地区、国内或国际）建立的联系。
- 联系当地政府的领导者、社区中心和公益项目的管理者，看看他们目前面临什么问题，是否存在合作的机会。
- 与您的员工谈论他们个人可能投身的事业和组织，询问他们如何利用自己的才能帮助这些群体。

与思科不同的是，并非每家公司都愿意并且能够每年为员工提供 40 小时的志愿服务机会；但在每个财年为员工提供一到两天的志愿工作时间并不会打乱他们的工作安排，还会激发他们的工作热情。如果可能的话，利用这些志愿体验活动向员工展示他们的工作如何影响周边社区和其他地方。这样的展示将是对他们自身和公司时间的极好利用。与 Kiva 一样，员工体验到工作的直接影响不仅会让他们充满活力地投入到工作中，而且有助于让他们保持热情。这样的志愿服务项目也帮助团队成员培养领导技能。以下是将志愿服务与领导技能、员工发展联系起来的方法。

- 确定您希望在团队中培养的知识、技能或能力。
- 根据过去的经验和当前的表现，确定潜在的领导者或明星员工。
- 就他们感兴趣的事业展开一对一会谈，然后帮助他们直接与从事此类工作的组织联系。
- 与其他类型的培训活动一样，在绩效评估中记录志愿者作为领导或员工的表现。

员工会感激您愿意帮助他们参与这样的活动，他们也会收获一个全新领域的实践经验。志愿工作还使他们具备与他人合作和有目标地领导的现实技能。

与您的客户携手共进

在目标变革中，比以往任何时候都更重要的是以与对待团队成员相同的方式吸引客户。当关注社会公益活动时，我们总是要问：如何与客户合作才能有所作为？而不是简单地问：我们如何向客户展示我们正在发挥的作用？这是一个深刻的转变。然而，对许多公司来说让客户参与这些工作是一个全新的概念，它们可能没有意识到这需要多么细致的规划。最重要的是，这项工作必须与您的核心使命相联系，并从战略上加以实施。

2010年，百事放弃了购买超级碗的广告，转而开展了"刷新运动"（Refresh campaign），即根据消费者的提名向慈善机构捐赠了2 000万美元，这也让百事登上了当时的头条新闻。这场运动出于行善，在比赛前后产生了大量的新闻。百事直接接触了当前客户和潜在客户，让他们参与进来，让他们的声音能够被听到，让他们选择的慈善机构能够得到支持。

然而，对该运动成功与否的评价却参差不齐。首先，投票者对投票过程感到困惑。其次，让人们提名慈善机构和投票充满了各种各样的风险，比如让公司或大量客户不赞成的慈善机构被提名。可以说，填选票也是一个问题，因为慈善机构可以召集人们为自己投票。而且百事也没有把其核心使命或宗旨与慈善机构建立联系。因此，消费者也不一定能将百事与特定公益事业联系起来。在许多观察家看来，缺乏这种联系，这场运动会显得是被迫的或不真诚的。

百事也对人们进行了广泛的宣传。让尽可能多的人参与是好的，但更重要的是了解您的客户以及他们将如何开展这样的活动。该公司的直觉是对的，但如果您回忆起第一章中讨论的七世代公司做出的关于有毒化学品的努力，您会看到一个有启发性的对比。

就有毒化学品运动而言，它100%符合七世代公司的品牌和宗旨。《纽约时报》(*New York Times*)上的整版广告让人感觉真实可信，重点在于吸引各种各样的客户，而这正是该公司争取和参与的目标。签署一份请愿书的行为简单而直接，不会让人对公司试图实现什么以及客户如何提供帮助感到困惑。

百事的活动执行令客户感到困惑，他们对投票过程不清楚。这场运动也没有把重点放在百事正在解决的核心问题上。它尽管登上了头条新闻（大公司放弃了广告，转而追求与众不同），但缺乏与公司宗旨的战略联系。如果缺乏对宗旨的关注，这些努力就无法真正让人们参与实践。

与此形成对比的是，2017年喜力在英国制作了一部关于桥梁建设的视频。该视频以真人为主角，他们在女权主义和气候变化等问题上有着根本不同的观点，他们被集中在一起，并被赋予一项共同建造桥梁的任务。任务完成后，他们向参与者展示与他们一起搭建桥梁的人的视频，这些人表达与自己完全相反的观点。然后，他们可以选择坐下来一起喝杯啤酒，讨论他们的分歧，或者离开房间。与百事的宣传活动不同，这段视频中没有名人，没有关注产品，并且与我们这个时代的一个深刻问题有关：如何通过真实对话缩小我们之间的分歧。

当正确的活动得到正确的执行，帮助客户实现他们的实际目标，并对他们关心的事业产生直接影响时，高管、领导者和员工都会感觉非常良好。牢记行善或做好事已成为一门很好的生意，它有助于公司的成功。然而，为了保持这种感觉和成功，自2000年代中期以来，一种新模式的公司越来越受欢迎。这种模式有时被称为一对一模式，其基本模式是每次客户购买产品时，公司都会向有需要的人捐赠相同的产品，接受捐赠者通常是在发展中国家。让我们看看一家遵循这种模式的公司，它做得很好，表现也非常出色。

沃比·帕克的故事

在线眼镜供应商沃比·帕克（Warby Parker）的创业非常成功。公司在2010年成立时，和许多企业一样，试图解决一个真正的问题：弄清楚如何制造和销售价格合理、时尚的眼镜。以下是该公司创始人讲述的创业故事：

> 每个想法都是从一个问题开始的。我们的想法很简单：眼镜太贵了。当我们还是学生时，一位同学在一次背包旅行中丢了眼镜。更换它的费用太高了，以至于他在研究生的第一个学期没有眼镜戴，常常眯着眼睛抱怨（我们不建议这样做）。我们其他人都

有类似经历，我们惊讶地发现，要找到一副不会让钱包被掏空的好镜框是多么困难。我们还能有什么选择？

这个现象起初有一个简单的解释。眼镜行业由一家公司主导，该公司能够人为地抬高价格，同时能够从别无选择的消费者那里获得巨额利润。

我们创办沃比·帕克是为了创造一个替代方案。

该公司的第一个目标是帮助客户以较低的成本获得高端眼镜（回想一下第二章讨论的所有业务的首要目标）。但创始人也知道，全球有10多亿人无法戴眼镜，这意味着地球上15%的人都在极度不便中工作和生活（回想一下，对社会和世界的贡献是第二个目标）。因此，从一开始，沃比·帕克就与名为视觉春天（VisionSpring）的非营利组织合作。这个想法很简单，也很容易理解：对售出的每一副眼镜，该公司每月都会为视觉春天提供一定数量的资金，从而将同样数量的眼镜分发给全球有需要的人。

沃比·帕克没有亲自捐赠一副眼镜。通过视觉春天，当地人接受了低成本的检查和平价的眼镜，从而满足了人们对眼镜的需求，并且企业在发展中国家建立了新的小企业。客户得到的是廉价的高质量产品，这直接促成了两个重要福利——眼睛护理和新工作岗位，即在几乎没有机会的地方创造就业机会。

这是一个与客户共同实践目标的最好例子。这很简单，它与产品本身完全结合到一起，客户可以看到他们的消费如何直接让他们参与到公司创造更美好世界的努力中。沃比·帕克还声称其产品是碳中和的，尽管这很好，但它不太可能像其主要目标一样吸引和留住客户。虽然碳中和很重要，甚至对地球也很关键，但眼镜分发活动能让客户产生参与感，客户感觉到"我是这个行动中的一分子，公司的宗旨也是我的宗旨"。

尽管这种模式可能更容易在初创企业或新组织中实施，但对大型成熟公司来说，它仍然是一种可行的推广新产品或服务的方法。例如，如果您的公司正在推出一种新产品，应考虑如何将它与慈善捐赠或慈善事业联系起来。您不需要更改公司流程、供应链或分销架构；您只需要想出一种方法来帮助您的客户通过使用您公司的产品或服务来帮助他人。请记住，它必须与您的公司的核心价值观、使命和宗旨相关。如果没有这种真实性，您的客户将无法把产品或服务与您的宗旨相联系。

◎ 练习：让客户的事业成为您的事业

当您考虑让客户参与您的目标时，请向您的团队、员工、同事和领导者询问以下重要问题：

- 我们客户的核心价值观是什么？
- 他们最相信什么？
- 他们想在世界上看到什么样的变化或好处？

以下这些问题需要考虑：

- 我们怎样才能帮助他们的事业进一步发展？
- 这与我们的价值观和信仰有什么关系？
- 我们如何才能通过额外的步骤，在客户行动和可见结果之间建立联系，例如采用一对一的方法？

在根据这些问题和对话提出一些想法后，联系您的客户，了解他们的心声。显然，社交媒体在联系客户及获取其意见方面发挥着重要作用。

您可以考虑让市场部在 Facebook 上发放问卷来调查您当前的追随者。当您在使用的社交媒体平台上拥有一定数量的追随者时，您将与目前最有可能使用您的产品和服务的人建立联系。

专注于您的主要客户，而不是建立一个太宽广的营销网络，找出对客户来说重要的东西，他们认为如何才能对更重大的事业做出贡献，以及您能做些什么来将他们与一个有意义的事业联系起来，以实现他们的目标。

TELUS 的转型

总部位于温哥华的加拿大电信公司 TELUS 已经接受了实践目标的想法，并从中获得了巨大的好处。这一过程始于首席执行官达伦·恩特威斯尔刚上任时。自他 20 年前加入该团队以来，TELUS 一直是世界上最赚钱的电信公司之一。在和它公司规模相当的所有公司中，该公司的员工敬业度最高。在恩特威斯尔的领导下，TELUS 将其声誉押在领导社会公益运动上，并因对社会和环境负责而赢得了无数奖项和荣誉。

恩特威斯尔和史蒂夫·乔布斯一样，有点自相矛盾，他非常强硬，对愚蠢的人没有耐心，并且毫不掩饰地表达他的公司是多么伟大。但他对商业的热情，对社会公益在 TELUS 的成功中所扮演的角色以及它能为社会带来的好处，都是超乎寻常的。我们花了一个小时和恩特威斯尔谈论他的目标，以及这对他的公司和世界意味着什么，好让人准备加入这场革命。

"我们的社会面临着三大挑战和机遇，"他告诉我们，"环境、教育和医疗。我们需要对它们做点什么。我们需要一个可持续发展的环境，我们需要为更广泛的人群提供平等接受教育的机会，我们需要以我们能够承受的成本应对日益增长的医疗挑战。"他明确表示，他认为TELUS在解决这些问题方面发挥着关键作用，这一理念已渗透到公司文化中。

桑迪·麦金托什（Sandy McIntosh）是TELUS人力资源与文化部执行副总裁兼首席人力资源官，她总结道："每天，我们遍布全国的团队成员都在改善加拿大人及其所在社区的生活。回馈社会是我们的DNA，是我们价值观的核心，也是我们文化的核心。"TELUS团队成员还告诉我们，恩特威斯尔的个人目标紧紧围绕着公司的真正目标，这激励他们在工作中找到自己的个人目标。

当恩特威斯尔于2000年加入公司时，他开始努力定义一套新的公司价值观。他本可以让高管们自行撰写价值观，但他没这么做，而是委托内部人员询问数千名员工他们个人持有什么价值观，以及他们认为是什么让TELUS变得伟大。在这一过程中产生的核心价值观经受住了时间的考验。更重要的是，它从一开始就奠定了基调："这些价值观是我们自己的！"

TELUS的领导者则专注于如何让团队成员有机会直接为社会和他们关心的事业服务。他们最成功的活动之一是TELUS回馈日（TELUS Day of Giving），这是一项一年一度的活动。该公司在大约一个月的时间里为团队成员提供志愿服务机会（并让团队成员将他们的家人和朋友也带来）。员工自愿参加社区项目，包括修建学校、修葺公园和为当地医院提供帮助。团队成员自愿工作了600多万个小时，他们在自己的时间内完成工作，通常是在周末。

TELUS 社区事务部副总裁吉尔·施纳尔（Jill Schnarr）表示："我们已经对这一点进行了衡量，参与回馈日的团队成员在工作中的投入度更高。"该公司的员工敬业度得分高达 80 分。

这一努力之所以奏效，是因为它将人们从目标的观察者或旁观者转变为参与者。"千禧一代"的志愿者人数平均几乎是"婴儿潮一代"的两倍，但志愿工作的两个最大障碍是长时间远离家人和难以找到合适的地方做志愿者。TELUS 的计划破除了这两个障碍。该公司不仅没有停止吸引员工来实践目标，还把客户也吸引进来了。

TELUS 已经捐赠了大约 5 亿美元的慈善捐款。在恩特威斯尔之前，这些钱是以大公司的传统方式交给慈善机构的，客户和社区对这些资金的流向几乎没有发言权。在恩特威斯尔的领导下，他们成立了由 12 个加拿大地区和 5 个国际社区的公民组成的社区委员会。TELUS 在这些地区拥有大量业务，并授权这些社区委员会支持其各自地区的基层工作。

这种独特的方法让更广泛的社区感觉到它们是 TELUS 的合作伙伴，如同该公司口号所说的"创造一个友好的未来"。在成立社区委员会时，TELUS 与客户携手合作。从"我们提供捐赠"到"你来帮助我们决定在哪里提供捐赠"的转变，有助于 TELUS 以新的方式与客户构建联系。

TELUS 多年来一直在考量客户对公司的看法。施纳尔说："我们每六个月进行一次全方位调查。我们询问人们是否知道我们公司在社区中很活跃，我们公司是否影响了您继续与我们做生意的决定。我们调查的范围曾经是 15%，现在是 50%。"她补充道："现在，我们越来越多地听到新的团队成员说，他们加入公司的原因之一是我们在社区中所做的工作。"TELUS宣称的宗旨尽管是创造一个友好的未来，但很容易吸引员工和客户亲自参与。

恩特威斯尔说，在将员工的慈善捐款作为另一种实践目标的方式时，同样的原则也在发挥作用："当重点仅仅是捐款时，人们当然关心；但是，一旦我们将我们的付出与我们的员工已经热衷的事情相匹配，参与度就变得超乎想象。"

获得可实践目标的最佳实践

- 制定竞赛、专项计划和公司范围内的倡议，让员工不仅思考目标，而且思考在公司实施目标的方法。
- 集思广益，探讨团队参与公司内外部工作的所有方式。鼓励每名团队成员每年参与一到两项志愿项目或活动。
- 赞助每年一次的回馈日或类似活动，让团队成员定期进行志愿活动，或者干脆和您的团队一起做。
- 表彰员工在可持续发展、企业与社会责任方面的出色工作。
- 在您的组织内建立一对一模式，把客户的购买行为通过某种方式与公司使命和宗旨相关的公益事业或慈善捐赠连接起来。
- 通过简单的社交媒体调查了解客户的动态，了解您的项目或产品在启动时将如何与目标受众产生最佳共鸣。
- 建立社区委员会或其他区域委员会，支持基层决定如何捐赠以及在何处进行慈善捐赠，从而更直接地与客户及其目标和价值观建立联系。
- 招募拥护者来推进或领导基层工作，以支持企业的社会责任倡议和目标。

| 第八章 |

创立一个清晰可视的目标

　　2014年,约翰连续向保险和金融服务行业的两家公司发表了两场主题演讲。这两次演讲都是在公司首席执行官们主持的年度会议上发表的,公司首席执行官们向各自的高层领导团队发表了演讲,人数多达数百人。在第一次会议上,一位首席执行官展示了一系列看似没完没了的幻灯片,有30多张,但都可以被归结为一个单一的信息。

　　这位首席执行官的主要观点是这样的:前一年,公司出售了更多的"一切",他们"肯定"最好在第二年卖出更多。实施这一计划的战略是在该公司与股东以外的服务对象没有多少感情或联系的情况下公布的。虽然客户服务有被提及,但没有关于公司的产品或服务如何真正为人们带来不同的热烈讨论,更不用说对社会如何了。当这位首席执行官结束演讲时,观众的掌声很有礼貌,但几乎没有热情。

　　约翰在接下来的一周参加了第二家公司的会议,他担心自己可能会参加另一场没有创意但有太多幻灯片的演讲。不过,这一次,这位首席执行官只有几张珍贵的幻灯片。他确实谈到了该公司的这一伟大财年,但他很快说:"当然,数字不是真实的故事。真实的故事是,去年我们改变了成千上万人的生活，并且比业内任何人都更加真诚。我为我们每天为人们和社区所做的一切感到自豪。"

随后，他播放了一段12分钟的视频，其中包括对该公司客户的采访，采访对象包括资金得到托管的新退休人员、丈夫过世得到保险赔付的寡妇，以及购买保险的机构员工。有些故事很感人；其他的则让人心碎，人们在谈到所爱的人时泪流满面。

约翰和在场的其他商业领袖见证了这家公司如何真正地改变了人们的真实生活。视频播放结束后，这位首席执行官讲述了两个关于公司价值观的个人故事，并向他的领导团队提出要求——要让这些价值观继续成为他们的行动指南。"我们的成功在于我们的价值观。这一直是也将永远是我们成功的奥秘，"他总结道。随后人们纷纷起立并热烈鼓掌。视频里展现的影响力和首席执行官专注于目标的诚意是显而易见的。那天晚上的晚些时候，在公司的晚宴上，与会者仍然在谈论这段视频，讨论它的真实感以及它对他们的影响。

我们分享这两家公司的故事，以说明激活组织内部目标的一个关键因素，我们称之为创建目标视线。客观分析表明，两家公司都在为其客户和社会做出贡献，但第二家公司的领导者明确了两者之间的联系，而第一家公司的领导者则没有。这对第二家公司员工敬业度的影响显而易见，并体现在他们各自的敬业度得分和客户服务表现中。几年后，第一家公司被迫与另一个平庸品牌合并，而第二家公司仍然是该行业的领导者。

视线是指找到一致的方法，帮助团队成员、客户和投资者看到您的组织为您的直接客户和社会带来的改变。在约翰参加的第一次会议上，很明显，目标不是这家公司或其领导人的优先事项；如果这是一个优先事项,那他们肯定没有有效地沟通。在第二次会议上,观众的兴奋之情令人振奋。这才是您真正的目标——您希望您的员工、客户和投资者对您的信息感到兴奋,被您的目标所吸引,随时准备加入您的使命。如果他们不理解您的使命,或者不能确定您的价值观和目标,他们就不会愿意与您联合。为了培养一种目标驱动的文化,您需要创建目标视线。

专注于什么就能完成什么

多年来,商业中老生常谈的格言"只有考核事项才会被完成"总是让我们踌躇不前。商界人士几乎普遍相信,如果考核某件事,它就会发生改变。例如,几乎每个组织都定期考核客户服务,有些组织几乎经常这样做。然而,很少有公司能够基于这个出发点在服务绩效方面取得指数级的增长。我们认为,大多数领导者对考核的信念是错误的。事实是,专注于什么就能完成什么。在任何一家公司里,推动每天变化的是领导者最关注、最突出、提出质询并与团队讨论的事情。

一个显著的例子是丽思卡尔顿酒店,其宗旨是以非凡的方式为客人服务。正如其信条所述:丽思卡尔顿酒店是一个让我们的客人得到真正关怀和感到舒适的地方,这是我们的最高使命。

丽思卡尔顿酒店将这一目标置于每家酒店工作中心的方式之一,就是每天站着举行简报会。他们把这些会议称为"列队会议",它们发生在世界上每一家丽思卡尔顿酒店的每个部门每次轮班开始时。这些每天都会召开的会议的目的是让人们了解真正重要的事情。在开会时,领导者强调团队成员在前一天或之前的班次中是如何实现他们的目标,提醒团队成员他们正在为客户带来不同的体验,并交流关键要点以确保客人获得持续的优质体验,例如"记住别人的名字"。丽思卡尔顿酒店并不是一家提供优质服务的酒店,因为它考核的是客户服务;它是一位领导者,因为它每天都专注于服务。

持续沟通目标

了解视线的一个好方法是,作为领导者,审核自己的沟通以及组织中领导者的整体行动。和利润或任务相比,与目标相关的沟通、问询和活动占多大比例?改变消息的组合会产生巨大的影响。

我们公司提供的服务之一是高管培训,通常培训一些首席执行官、企业主和部门总裁。几年前,我们为一家大型航空航天公司的重要部门总裁提供培训。其中一个总裁有超过10 000人向她汇报,她被认为是一位非常聪明的战略领导者,但还是欠缺一些东西。当我们采访她的直接下属和其他领导者时,他们说尽管这位总裁聪明能干,但她对公司的核心宗旨——保障士兵安全和维护国家和平——缺乏热情。一些员工表示,他们觉得她只关心业绩和股东。据他们说,她很少谈论公司的产品和服务如何对人们或国家产生真正的影响。

在我们的培训课程中,总裁很明显非常关心公司的目标,但对其书面和口头沟通的目标审核(与我们在第三章中讨论的类型相同)并不支持这种印象。我们鼓励她在与员工、同事和其他领导者的定期沟通中做出一个小而重要的转变:在开启正题之前,首先讲述公司的产品和服务如何帮助军人确保安全或在国内外维护和平。她努力寻找他们的技术如何带来切实不同的真实故事,包括在战区获救的特定士兵的故事。我们建议她每天集中精力,把沟通和讲故事的核心放在目标上。

主要方法是在每次小组讨论中强调公司的使命。在所有书面沟通中，她都会采取同样的方法，始终从阐释目标开始沟通。任何有意义的沟通都离不开对目标的关注。即使由于预算紧缩等问题需要做出艰难的决定，她也需要坚持公司的行动定位于推进使命，而不仅仅是股东的利益。

在六个月的时间里，这一小小的改变带来了巨大的成效，不仅提升了总裁的个人领导口碑，还提升了她所在部门的整体士气。很明显，她关心结果不仅仅是因为利润，而是因为她团队的工作如何对客户和社会产生真正的影响。对其直接下属的后续采访以及对其部门敬业度的客观衡量表明，员工和其他领导者受到了总裁的故事和新关注点的鼓舞和激励。大家的绩效和敬业度也得到了提升。

当然这并不是说利润不重要，它很重要。员工也关心业绩，无论是利润还是如公司的市场份额这样的其他指标。但是，当我们只关注业绩标准时，人们就会失去信心，我们也一样。同时，我们还失去了对使命的关注。在第三章中，我们讨论了苹果公司的史蒂夫·乔布斯以及他对卓越产品而非利润的不懈关注。通过专注于伟大的产品，乔布斯专注于服务第一，清楚高额利润是服务的结果，而不是为了利润去弱化服务。正如宏利金融前总裁兼首席执行官唐纳德·古洛伊恩告诉我们的那样，"大多数公司一开始都关注于产品或服务"，但随着时间的推移，重点更多地转移到了"股东和业绩"，人们忘记了目标和服务的重要性。

为了使对目标的关注回归并建立一种目标文化，各级领导者必须不断向客户和社会传达公司的理想目标和承诺。在参加会议或做演讲之前提醒自己，更高的目标应该始终存在，这是很有帮助的。每天都要想一想这个事实，尤其是当您做出关键决定的时候。它们是否符合您的使命和宗旨？您如何向员工展示这一目标对公司健康和客户福祉的重要性？扪心自问：如果您公司的沟通是一部电影，那目标所扮演的是主演，还是一个仅仅偶尔说几句台词的小配角？甚至更糟糕的是，目标只是客串演出？

当您传达您的目标时，您还需要确保您所描述或讨论的内容与您的团队成员相关；尽管您的目标可能是全球性的，但也必须在当地背景下加以解释。例如，在分行会议上，银行经理应让团队成员了解银行当前和未来改善客户和社会生活的诸多服务方式。管理者可能会举一些例子来说明公司为实现绿色目标所做的持续努力，或公司对重要社会事业做出的贡献。这些信息和故事必须与当地团队成员每天实现其目标的方式相平衡。

加拿大最大的银行加拿大皇家银行（RBC）的一位分行经理告诉我们："我经常在团队会议上分享我们公司如何让社会和地球变得更加美好。不过我也试图找到我们如何实现目标的简单例子。这可能是我们批准被其他银行拒贷的客户获得抵押贷款的故事，甚至是某种客户服务的故事，例如在分行为一位年长的客户提供善意服务。然后，我总是将这些故事与我们公司的价值观和宗旨联系起来。"

在每次与同事会面时，领导者都应该做以下事情：

- 以真实的方式提醒员工公司的使命和宗旨。
- 告诉他们公司在本地和全球范围内为客户、社会和地球做出的贡献。
- 为您的团队在会后立即实现目标提供方法和建议。

通过清晰一致地传达使命和目标，您可以提升您的团队和员工为崇高的更高目标所做的贡献。不要限制自己，也不要尝试每天思考新的方法来扩大和传达目标。例如，我们一位经理将办公室里的一堵墙专门用来展示客户的积极反馈，她在墙上贴了客户写的便条，便条上赞扬公司的工作，感谢员工，或者描述他们的帮助有多大。您必须不断找到方法，将公司的使命放在心中，让员工始终看到目标。

为目标腾出空间

除了持续传达目标，让视线与目标保持一致的最简单方法之一就是为目标腾出空间，为团队成员提供专门的时间，让他们谈论他们的工作如何发挥作用。鼓励员工告诉他们的同事、经理和老板自己的工作对现实生活的影响，而不仅仅是分享您自己的故事。从而，您不仅间接地强调了他们的努力，而且还帮助公司里的每个人了解目标是如何实现的。

例如，加拿大皇家银行作为我们的客户已有一段时间，我们在其零售银行业务方面做了大量工作。2008—2009年金融危机爆发后，银行因其成为经济衰退的导火索而受到严厉批评，我们与该银行合作，探索向员工和客户传达目标的最佳方式。尽管像加拿大皇家银行这样的大型银行并未以任何实际的方式成为经济衰退的导火索，但该银行领导者认为，帮助人们了解加拿大皇家银行如何为其客户的生活带来积极的变化是很重要的。

作为双方合作的一部分，许多加拿大皇家银行的领导者采用了我们多年来传授的简单做法。我们的想法是在每次会议开始时留出时间，让人们分享一个故事，讲述自上次团队会议以来，银行如何为客户或社区的生活带来真正的改变。如前所述，领导者当然可以准备一些好例子，但主要目标是让团队成员确认他们自己的故事。在六个月的时间里，遵循这一建议的分支机构报告其团队成员的敬业度显著地提高。

另一种创造目标空间的方法是为员工提供直接与他们所服务的人沟通的机会。与我们的员工谈论我们公司的使命和目标背后的理念是一回事，但让员工看到大家共同创造的直接影响则是另一回事。

在第六章中，我们讨论了成功的特许经营商 Molly Maid，他作为老板将员工的工作目标设定为减轻孤独感，尤其针对老年客户。这家特许经营商几乎每个月都会定期邀请其老年客户的家庭成员以及客户本人参加特许经营商的员工会议。员工可以实时了解到，他们在客户家中出现往往是许多老年客户为数不多的有意义的社交活动之一。随着时间的推移，他告诉我们，客户受邀与会在提高团队的敬业度和贡献度方面起到了真正的作用。团队成员能直接从客户那里听到信息，并看到他们如何真正地改变客户的生活，这让他们非常欣喜。

当我们与软件公司高级管理系统（AMS）合作时，公司负责联邦政府部门的总裁哈里（Harry）会定期从使用该公司软件的机构引进员工。客户们经常谈到 AMS 的产品如何帮助机构成功地开展政府工作。哈里告诉我们："我的员工努力开发和使这个软件投入使用，但很少能实时看到它对使用它的人有什么影响。"通过将员工与客户联系起来，哈里让他的员工可以直接看到目标。

鼓励和促进利用这种类型的空间来赞美目标，能吸引员工参与进来，能使他们与工作和组织建立更紧密的联系。花时间进行小组讨论或邀请客户分享他们的经验，不仅能够使您的团队成员表达他们的想法并相互激励，同时还可以从业务的主要目标——客户那里获得反馈。

您在暗示您关心所有的利益相关者,并且您为您的团队成员与他们的目标建立联系发挥了积极的作用。

🎯 练习:将认同感与目标联系起来

为员工创造目标视线的最后一种方法是将认同感与目标联系起来。当我们认可团队成员的成就时,他们会感激,也会受到激励,会继续出色地完成工作。认可应该是直接和具体的,表明该人的行为如何体现了公司的宗旨。无论何时我们口头或书面表扬某人,我们都需要将这种赞赏与目标联系起来。请考虑下面的问题:

- 不要简单地说:"谢谢你为那个愤怒的客户做了大量的工作。"试着说:"那个客户非常沮丧,你通过保持冷静,让他把不好的情绪发泄出来,为他带来了改变。"
- 不要简单地说:"昨天在那次不规范操作事故中,你把所有行李袋都装上了船,干得好。"试着说:"昨天你把所有行李袋都装上了船,干得好。今天你让很多顾客很高兴,因为他们有了他们的行李袋。他们甚至不知道你为此付出了多大的努力,但我知道!"
- 与其说"谢谢你成为我们回收委员会的一员,你做得很好",不如说"我听到了你在回收委员会工作的好消息。谢谢你为我的孩子们保留了一个美好的星球"。

当您给出直接、具体的反馈,表明您认识到员工的工作对公司整体目标的直接贡献时,您表扬的不仅仅是他们出色完成的工作,他们了解自己如何才能最有效地为公司的使命和宗旨做出贡献,并为自己确实产生了影响而感到自豪。帮助员工将这一想法内化将产生更好的效果。在这个过程中,您正在缩小目标差距,带领员工取得更大的成功。

您的客户能看到您的目标吗?

除了员工,客户还需要看到目标视线。我们必须始终问:我们如何使我们对客户的影响真实而且发自内心?在这样做的过程中,请记住,客户对我们的宗旨一直在怀疑,并且对公司的优点存在大量的看法。如前所述,客户通常会对为他们提供服务的公司是真的很好还是仅仅让自己看起来很好而感到困惑。换句话说,当利益相关者相信我们的努力是真诚的时,我们面临着一个真正的问题。

客户有理由怀疑我们对目标的关注是否真实,是否值得他们忠诚。这就是为什么有必要真实地与他们联系,并向他们展示我们是如何实现我们的目标的。我们再怎么强调这个概念都不够。如果我们无法与我们的客户建立联系或展示我们真正关心他们的福祉、对他们来说很重要的事业以及社会和地球的状况,那么本书中所讲的办法都会变成白费口舌。

卡罗尔·科恩(Carol Cone),"卡罗尔·科恩目标"的首席执行官,20多年来一直是帮助公司将事业与客户联系起来的主要倡导者之一。科恩说,为客户创造目标视线的公式很简单,但很少有人能遵循:

您需要弄清楚在当前社会中最适合您关注的目标是什么。您需要诚实地对待自己的缺点,而不是假装自己是完美的。最后,您需要找到您所帮助的人的故事,并让这些故事成为现实——用您所服务的真实的人的语言和声音完美地讲述这些故事。

目标变革需要重新定位——组织意识的转变——要求组织采取积极的倾听和观察模式。我们必须努力了解客户的体验，要让我们的使命和行动脱颖而出。这项运动的一部分涉及展示您对企业所扮演的社会角色的信念，以便使客户知道您的立场。

在评论西普拉在全球舞台上的成功时，其首席执行官兼总经理苏巴努·萨克森纳（Subhanu Saxena）表示，西普拉现在能够"向全世界展示……一家企业拥有超越利润的目标是很重要的；能够着眼于在其经营所在地的社会和社区中有所作为。"很多时候，为客户创造这一视线的能力依赖于针对长期问题的创新解决方案。

保险公司柠檬水

例如，总部位于纽约的初创公司柠檬水（Lemonade）采取了一种全新的保险方式。尽管科技企业家 Daniel Schreiber 和 Shai Wininger 在 2016 年 9 月创办该公司时并没有行业背景，但他们认为需要提高效率，并认为有机会真正改变人们的生活。该公司使用最先进的技术，包括移动兼容性（mobile compatibility）和人工智能，以闪电般的速度推进保险流程。他们的模式打破了传统保险公司的模式，从客户的每月付款（包括索赔和其他成本）中收取固定费用，并将保费视为客户的资金。任何剩余的资金都会通过他们的年度"回馈"进行返还，这就是让人兴奋的地方。

柠檬水将客户虚拟地连接起来，形成关心类似社会公益事业的群体。年底，该公司实施了回馈计划，将全年收取保费中的全部剩余资金捐赠给这个群体确定的共同事业。在这里，我们看到有两件事正在发生。

首先，与传统保险公司不同，柠檬水不依赖于通过保留未赔付的部分来赚钱。这意味着它愿意迅速支付索赔，因为它不会损失任何金钱。其次，它把社会公益嵌入实际的商业模式中，客户能够清晰地看到目标，并且这目标是受到他们的价值观认可且对其非常重要的。

访问柠檬水的网站，您会立刻注意到清晰、简洁的解释公司运营的语言。它通俗易懂，让人们不会被行话和不必要的复杂性所迷惑。它首先突出的是对客户的承诺，接下来是对造福社会的承诺。尽管柠檬水仍然是一个小型组织，但它的创新方法将客户与目标联系起来，证明了在目标变革中，即使在最停滞不前、长期存在的行业，也可能发生颠覆。

弥合客户感知差距的新方法

在社会公益时代，客户想要支持为公益做贡献的公司，但他们对公司宣传背后的现实持怀疑态度，如何处理这一矛盾是当前最大的挑战。于是一种新的公司形式出现了，这种形式既有利于行善的公司，也有利于忧虑的客户：B公司。作为一家独立的非营利公司，B实验室主要负责一项评估，该评估旨在衡量"企业对其所有利益相关者的影响，包括其员工、供应商、社区和环境"。该评估还囊括了有关使命、考核和治理的最佳实践等。该公司特有的"商业影响模型"能够聚焦于特定利益相关者如何通过产品和服务或内部实践而受益。

截至本书撰写之时，32个国家和60个行业中拥有数十亿美元资产的1 800多家企业已经完成了"B影响"评估，成为获得认证的B

公司。成为 B 公司有助于您的公司评估公司与利益相关者的关系，同时也为您的目标故事背后的实质内容向客户和其他企业提供更大的保证。除了本书的出版商 Berrett-Koehler 外，其他著名的 B 认证公司包括新比利时酿酒公司、沃比·帕克、七世代和 MUD Jeans。

共益公司是另一种新形式的利润型组织，是为响应对目标的渴望而出现的。共益公司"得到了美国 33 个州和哥伦比亚特区的授权，除了将利润作为其法定目标外，还可以对社会、工人、社区和环境产生积极影响"。

不同于 B 认证公司做社会公益是自愿的，共益公司在法律上必须满足以下四项要求。

- 公共利益。公司必须提供"一般公共利益"，即"对社会和环境的重大积极影响，亦即产生最大的正外部性和最小的负外部性"。
- 对利益相关者的影响。共益公司的地位使其董事会"不仅要考虑对股东的影响，也要考虑对社会和环境的影响。"
- 责任。共益公司必须每年使用独立的第三方标准评估其整体公司、社会和环境绩效。
- 透明度。共益公司必须在年度共益报告中向股东和公众报告其整体的社会和环境绩效。

虽然选择这条道路的公司仍然相对较少，但这一新的运动为营利组织和企业家提供了机会，他们将理想目标强制性地嵌入他们的组织结构中。一些更值得注意的共益公司包括 Kickstarter、Plum Organics、亚瑟王面粉（King Arthur Flour）、索尔伯格（Solberg）、劳瑞德教育（Laureate Education）和 AltSchool。

我们将这两种新兴组织形式视为事情发展方向的标志，也视为缩小公司与客户的目标差距的手段。

Natura：缩小巴西在可持续发展方面的差距

当我们的目标是真实的并且我们努力实现它时，为目标持之以恒的努力可以让我们获得公众的认可。Natura 成立于 1969 年，是巴西最大的化妆品生产商和南美最大的化妆品公司。其核心指导原则是可持续发展："我们的业务所做的一切都是基于对环境和社会责任的尊重。"这一点体现在整个供应链上，从可持续利用巴西雨林的原材料到物流、制造、包装和社会责任。

例如，Natura 与 36 个农村社区签订了合作协议，以提供传统知识和可持续利用的原料；它鼓励当地社区保护其自然资源。该公司建立了森林产品供应商认证计划，以确保来自热带雨林的原料以可持续的和对社会负责的方式被采购。企业爵士（Corporate Knights，加拿大媒体和投资研究公司）每年都在达沃斯世界经济论坛上公布企业排名榜单，将 Natura 列为"全球第二大致力于可持续发展的企业"。

企业爵士、B 实验室和道琼斯可持续发展指数（Dow Sustainability Index）等第三方的认证有助于将您的客户与您的品牌和目标联系起来。当客户看到您为他们和其他人所提供的福利时，他们会全心全意地加入您的行列，投资者也会随之而来。

说出来吧

创造目标视线的最简单方法之一就是在包装上或销售点尽可能清

楚地说明您是谁以及您代表什么。早些时候提到的联合利华对全球消费者的研究表明，我们越容易让消费者（客户）看到我们的目标，他们就越有可能按照他们的购买意愿行事。

最近在苏黎世举行的巡回演讲中，约翰参观了当地一家名为"B.Good"的小型连锁餐厅。我们都想要好的食物，我们都想买自己感觉良好的食物。但这到底意味着什么？餐馆的一面大墙上有一个标志，它占了墙壁的一半，看起来像黑板。最上面是我们所说的表示"好"的几个词！下面是四件简单的事情——我们从当地农民和家庭那里购买，我们人工制作食物，我们尊重季节，我们让我们的社区变得更好，并附有简单的细节支持。这就在您能看到的一个标志上，展示了 B.Good 不仅仅是一个名字的四个理由。

让它成为现实，让它变得清晰，让它容易被看到，并实现它。这就是所谓的视线。

投资者的视线

目标视线对员工来说至关重要，对客户来说也很重要，所以更不用说对投资者了。尽管本书强调员工和客户，但投资者及其潜在影响不容低估。如今，许多投资者相信，可持续经营的公司具有更好的价值。麻省理工学院斯隆管理学院调查的大多数机构投资者表示，可持续发展带来的收入和业绩改善是吸引投资的有力理由。调查结果显示，80% 以上的投资者认为可持续发展推动了公司的长期价值创造。

美国 SIF 基金会（The US SIF Foundation）报告说，2015 年卡尔弗特（Calvert）投资公司的调查发现，一旦个人投资者受到关于可持续投资机会的教育，他们就会对此表示有兴趣。调查发现，87%的受访者希望投资活动与其价值观保持一致。也就是说，在为投资者创造一个目标视线方面存在一个主要问题。

对可持续发展的需求正在上升，但向投资者传达此类努力的情况却不多见。2014年纳斯达克咨询服务中心（Nasdaq Advisory Services）对500家上市公司的研究发现，只有约五分之一的美国公司在报告中传达可持续性信息。在欧洲，这一数字略高于50%。2015年《麻省理工学院斯隆管理评论》（*MIT Sloan Management Review*）和美国投资者关系协会（National Investor Relations Institute）的一项研究发现，在组织内部领导层只要求24%的投资者关系专业人员告知投资者可持续性对其底线的影响。该报告还发现，约40%的人没有就可持续发展报告给出指导，另有80%的人从未在投资者沟通中提及可持续性话题。

就像对待员工和客户一样，公司必须向投资者清楚地传达公司的目标，并展示这种目标如何带来卓越的结果。公司的年度股东信是一个为投资者创建目标视线的绝佳机会。不要仅仅公布您的业绩数据，通过解释您的目标驱动方法是如何在这一年中取得成功的来支持这些业绩数据，包括有多少员工参与志愿活动的数据。向投资者展示消费者和客户如何通过社交媒体围绕可持续性或慈善活动来加入这个品牌。别忘了带上个人色彩，传达令人信服的真实故事，讲述您为建设一个更美好、更可持续发展的世界所做的努力对真实个人的影响。

另一种选择是准备企业社会责任报告，并将其公布在网上供投资者审查。企业社会责任报告逻辑清晰、引人入胜；提供了有关企业为可持续发展努力的详细信息，并能迅速成为最具前瞻性思维的组织的标准。2015年安永的一项投资研究发现，59%的投资者认为社会责任报告对投资决策至关重要或重要，近62%的投资者表明非财务数据与所有产业部门相关。这些数据通常包括企业温室气体排放量的减少，或发展中国家社会经济问题的解决方法等主题。

无论您决定如何为投资者或潜在投资者创建一个目标视线，您都需要确保它不仅清晰一致，而且具有权威性。一些投资者可能仍然担心"目标"是决定投资方向的一个因素，因此需要向他们展示目标驱动文化的真正好处，以及它如何带来更高的收益和更美好的世界。

◎ 练习：如何创建清晰的目标视线

与其他领导者或您的团队开会，探讨您现在正在做什么，以及您可以做什么来创建一个清晰的目标视线。使用图表纸或白板绘制下表。让参与者在便签上写下他们的想法，并将其粘贴到每个空白处。就继续做什么、开始做什么以及如何与他人沟通并吸引人加入进行公开讨论。

行动的问题	关于领导	关于组织
我们在做什么？		
我们能做什么？		

您问的第一个问题很重要

为了能让员工、客户和投资者看到目标，我们作为领导者发出的最有影响力的信息之一是我们所提出的问题。3M公司首席执行官英格·图林向我们谈到，领导者在造访公司不同部门时，首先要意识到他们提出的首个问题很重要。在3M公司的案例中，图林认为可持续发展是其公司存在的最核心原因，也是他个人的目标："当我参观公司的不同工厂或部门时，我会努力确保我问的第一个问题是他们对可持续发展做了什么。"通过将这个问题作为他提出的第一个或第一波问题之一，他能传递出清晰的信息：造福社会就是工作的内容。

这一概念既适用于团队或小型企业的管理者，也适用于规模达310亿美元的公司。如果我是一家银行分行的负责人，我的第一个问题不应该是"我们今天放出了多少抵押贷款？"，而应该是"我们今天有没有帮助任何人买他们梦想中的房子？"。如果我经营一家鞋店，我的第一个问题不应该是"这个月的销售情况如何？"，应该是"我们今天是否让别人开心并帮助他们找到幸福？"。我们需要训练自己记住，我们提出的每个问题、讲述的每个故事以及我们认识到的每个行动都会传递出一个信息——告诉大家什么才是对我们来说真正重要的事情。这些问题要么能将视线聚焦到目标上，要么能将视线聚焦到其他方面。选择权在我们。

鞋子与幸福

Town Shoes是加拿大的一家顶级零售商，也是全球最大鞋类零售商之一DSW的旗下品牌。早些时候，它的总裁西蒙·南克维斯（Simon Nankervis）没有对目标在商业中可能扮演的角色进行过很多思考。然而，当Town Shoes经历了一段艰难时期时，他意识到了目标在他个人旅程中所起的作用。他认为自己的个人目标是过有道德的生活，激励家人和团队实现自身的伟大成就，但他不确定自己在公司是否也看到了类似的目标感。他需要帮助他的团队连接到更伟大的东西上。

"在开始这项工作之前，"南克维斯告诉我们，"我从来没有仔细考虑过我们的目标。相反，我的行为都是追随我的个人感觉。毫不奇怪，当我们开始这一旅程时，我评估了我的目标，并最终认识到我一直在通过我的目标热爱我的生活。"他激励团队的过程很有启发性，并展示了为目标创建视线的重要性。

首先，他召集高层管理团队，并解释为什么他认为目标对组织的生命和未来至关重要："我与他们讨论了目标和愿景、使命声明之间的区别。然后，我们花时间讨论了加拿大没有 Town Shoes 会是什么样子，以及我们为什么重要。"每位领导者都被要求制作自己的目标板——一个能定义个人目标的人物、地点和事物的视觉表现。

"我们没有想要起草一份声明，"南克维斯说，"我们只是写下每位高管对 Town Shoes 的所有感受或想法。最初，每个人都表达了他们的观察或想法，但随着我们继续深入了解 Town Shoes 的特殊性或独特性，我们终于找到了一个情感上的共通点。我们找到了一系列真正定义我们与我们品牌之间情感联系的词语。"

最终定义的目标很简单但很有力量：通过自我表达获得幸福。这是领导者们对它的阐释：鞋子对大多数人来说是一种自我表达的形式，当能够表达真实自我时，他们会感到幸福。这个目标包罗万象。幸福可以来自员工能够在一个做自己并获得专业成长的地方工作。这一目标还可以将外部社会问题或对员工很重要的问题纳入进来。例如，公司努力帮助减少对妇女的暴力行为；通过这样做，每个受影响的人包括儿童其幸福感都会增强。这是一个很好的例子，展示了公司为客户、员工和社会服务的目标。

领导者向更广泛的群体介绍了他们最初的目标声明，并询问了他们的想法。令人惊讶的是，这个目标引起了每个人的共鸣，尽管原因大不相同，但它让团队清楚地意识到他们为什么要做他们所做的事情，而不仅仅是做他们所从事的生意。南克维斯说："定义目标似乎是一种宣泄，因为我们的团队一直在努力理解 Town Shoes 的独特性和特殊性。给我们的目标命名就像是让一直屏住呼吸的人有机会再次呼吸——你可以感受到集体的叹息。"

Town Shoes 的零售店立即开始连接目标。南克维斯说："每个接受我们目标的团队都在它们所做的工作中找到了新的自豪感。它们了解公司对它们的期望，并开始为实现我们的目标感到鼓舞。"零售店也开始使用社交媒体来展现它们的目标（视线）。"我们几乎立刻看到团队采用了我们的新标签'通过自我表达获得幸福'。我们继续看到团队在做任何反映我们目标的事情时都骄傲地采用了这个标签。"

Town Shoes 团队通过目标改变客户生活的故事很快开始上演。在一家零售店里，一位带着变性孩子的妇女被她感受到的关怀和理解感动了，以至于这位母亲为这位销售助理写了一封表扬信。在另一家零售店，一名患有糖尿病并失去两个脚趾的中年男子告诉我们的一名同事他的残疾状况。他担心她可能不愿意帮助他，但她回应说，她很荣幸能帮助他。他很高兴，还为该同事写了一封表扬信。与其他同事和公众分享这些故事确实有助于明确目标，展示 Town Shoes 是如何每天为人们带来真正的不同。

当被问及目标为何重要时，南克维斯简单地说："目标是组织存在的关键。它是团队的生命线，为组织指明方向。目标使我能够团结整个团队。我们的员工和客户都从目标驱动的组织中受益，因为它不仅将店内体验联系在一起，还将员工的工作方式联系在一起，以处理日常任务。"

创建目标视线的最佳实践

- 为目标腾出空间。花时间让团队成员讨论他们的工作如何发挥作用。

- 将客户、社区成员或消费者聚集在一起，讨论您的产品或服务如何改变他们的生活。

- 每年更新两次目标。把企业履行社会责任的付出和成果进行路演，通过行动计划、员工志愿服务和类似的努力将其付诸实践，并用多媒体视频而不仅仅是事实和数字来展示。即使您是一名基层领导者，也要这样做，这样每个人都会感觉到自己与组织的目标有联系。

- 通过讲述您的产品或服务如何真正改变相关者的生活，强调公司的使命和宗旨，以此作为会议、演讲和正式的书面交流的开场白。

- 坚持即使必须做出艰难的决定，做选择时也要首先基于公司的宗旨，而不仅仅是股东的利益。

- 不要只讲述自己关于公司对客户的影响的故事，花时间让团队成员和员工与同事和领导者分享他们的故事。

- 向您的团队成员提供直接、具体的反馈，表明您认识到他们的工作对公司目标的直接贡献。

- 举行您自己的"列队会议"，以确保您的团队每天都有的放矢。

- 加入 20% 的在报告中传达可持续发展信息的美国公司，在每年给股东的信和与其他公司的沟通中提供关于您的努力和实际成果的统计数据。

| 第九章 |

如何在目标变革中赢得人才

为写作本书，我们采访了各个行业的领导者。在讨论目标变革以及公司和人才如何看到新趋势出现时，我们发现了许多反复出现的主题。我们经常以多种形式听到相同的故事——不仅围绕将目标与现有员工联系起来，还围绕通过目标吸引新员工。

例如，福特全球市场人力资源执行董事基尔斯滕·鲁滨逊（Kiersten Robinson）给我们讲了一个故事。鲁滨逊曾为福特在中国公司的人力资源部工作过一段时间。她的职责包括领导新员工入职培训。她表示："作为培训计划的一部分，我会定期询问中国的新员工决定为福特工作的前三大原因。不可避免的是，大多数人的前三大原因中都会有我们公司的愿景——创造一个更美好的世界。"福特明确、简洁的目标被大声而大胆地宣扬，在世界各地的顶尖人才中引发了共鸣。

我们从七世代公司的首席执行官乔伊·伯格斯坦那里听到了类似的故事。伯格斯坦很早就知道，真正的目标能够吸引和留住最优秀的人才。他的一位顶尖科学家在高乐氏（Clorox）发明了 Fantastic 和 Formular 409 清洁剂，之后他加入了七世代公司，因为他知道他可以在那里产生影响力，他相信它的目标和价值。伯格斯坦的研发负责人曾在宝洁和丘奇&德怀特（Church & Dwight）公司有过出色的职业生涯，他也想在自己的职业生涯中做些更有意义的事情，因此他选择在七世代工作。他告诉我们："我们行业在吸引人才时，我们会让其他公司望而却步，而其他公司则试图吸引我们的人才。"

根据《2017德勤全球人力资本趋势报告》，"人才和技能短缺"问题普遍存在，这使得吸引最佳人才成为"商业领袖最关心的问题"。83%的高管表示，人才获取对企业"重要或非常重要"。该报告发现"员工要求新的职业和职业模式"，其中一个关键驱动因素是工作需要提供丰富、有意义的经验以及提供学习、成长和做出贡献的机会。人们在一生中对工作的意义会有着不同的思考。随着目标变革的继续，我们看到职业阶梯模式被抛弃，取而代之的是，新的人生旅程模式正在出现。

目标吸引了各代顶尖人才。研究发现，85%的美国员工表示，他们"可能会在一个表现出高度社会责任感的雇主那里待得更长久"。而英国的研究人员发现，全球42%的员工表示，为一家对社会产生积极影响的公司工作对他们来说很重要；44%的人认为帮助他人的、有意义的工作比高薪更重要；53%的人认为，如果他们的公司造福于社会或改变世界，他们会更加努力工作。对"千禧一代"来说，这一数字跃升到60%，他们说"使命感是他们选择为公司工作的部分原因"。

根据盖洛普的调查，整整50%的"千禧一代"表示，他们宁愿减薪也不愿为商业行为不道德的公司工作。德勤2015年针对"千禧一代"的调查还发现，"千禧一代"中存在"影响力落差"（impact gap）现象。他们表示，企业在创造就业机会方面达到了人们的预期，但"在促使社会进步、帮助员工等方面表现不佳"。这是一个巨大的脱节。

随着人才和技能的短缺以及文化从"旧的工作方式"开始转向，公司比以往任何时候都更加激烈地争夺员工。在这个争夺人才的时代，您需要问：是什么让我们的组织或团队脱颖而出？我们发现，有意义的工作正迅速成为吸引顶尖人才加入组织的磁铁。真正的目标驱动型公司提供这种类型的工作，以及人才在世界上成长和有所作为的机会。招募最优秀的人才就是帮助他们发现自己的人生旅程，并在其人生旅程中扮演好伴侣的角色。就像您现在的员工、客户和投资者一样，您也必须将潜在员工的目标与公司的使命和目标联系起来。

在招聘和入职过程中建立目标

招聘顶尖人才首先要给应聘者一个令他们信服的使命和目标，激励他们为您工作，不是描述他们将做什么，而是给他们展示他们将如何找到意义并帮助您改变世界的这样一个鼓舞人心的前景。例如，在爱彼迎（Airbnb），您有机会创造一个激发人际关系的世界。戴尔电脑公司邀请求职者贡献时间、技术和诀窍，让世界变得更美好。Chemistry 是一家以科技为动力的全球性商业咨询公司，它承诺给每个人在工作中表现出色的机会。Expedia 在其网站上表示："我们在面试时要寻找的是希望做出切实改变的热情的旅行者。"

要想在拥挤的招聘世界中被听到，您的口号需要指向更高的目标。比如，通过为您的公司工作，员工将发现个人意义和机会，从而成长并为更大的事业做出贡献。当然，这些类型的承诺必须得到维护和支持,否则您会很快发现顶尖人才正在与您擦肩而过。我们经常建议公司或领导者采用以下四种方法——任何公司或领导者,无论规模大小或层级高低,都可以利用这些方法在招聘过程中建立目标和意义,以吸引最优秀和最聪明的人。

正面展示目标

面试是向应聘者和潜在员工展示目标在公司处于优先和中心位置的最有效手段之一。在申请和面试过程中,要明确说明您的价值观和目标。确保您在网上发布的职位描述,无论是在您自己的网站上还是通过第三方渠道,都能使您直接与您在当今不断变化的市场中试图吸引的人交流。不要只描述该职位的职责、要求和责任,还要描述您公司的故事、企业精神,以及它的宗旨如何与您的团队成员的价值观和目标相联系。大胆一点,强调您的目标是如何融入公司和公司文化的各个方面的。应聘者希望看到您的公司是由什么组成的,如果您能对您的目标产生兴趣,他们会愿意在面试过程中超越自我。

全球非营利性投资基金 Acumen 在其宣言中陈述了其目标,部分内容如下:"它在道德想象的基础上茁壮成长:谦逊地看待现实世界,大胆地想象现实世界……这是在愤世嫉俗的世界中创造希望的激进想法。改变世界解决贫困的方式,建立一个给人以尊严的世界。"

Acumen 设计了一个招聘流程,使其能够识别与公司有相同目标的潜在员工。人力资源部不仅要求对招聘感兴趣的应聘者提交简历和求职信,还让应聘者回答一系列与该职位相关的简答题。例如,一个可能的问题是:"相对于常规私募股权投资或风险投资,您如何描述您对'有影响力的投资'的兴趣?"应聘者的答案不仅能让 Acumen 的招聘人员深入了解应聘者，而且能使应聘者从一开始就知道 Acumen 致力于自己的使命。

请记住，这可能是一些最优秀的新兴人才与贵公司的首次互动，所以在招聘和面试时要有创造性的思考。Emzingo——在第七章中提到的一家公司，它为一家目标驱动型 IT 咨询公司设计了一个独特的面试流程，让潜在的招聘团队与一家具有社会意识的企业进行实际咨询。从而该咨询公司不仅可以实时评估应聘者的工作，还可以在这里发出强有力的信息：如果您来和我们一起工作，您能做哪些好事。想一些创造性方法，把潜在的候选人和您的目标联系起来，使他们在得到工作之前就能接触到您的好工作。

让您的使命成为雇佣者的现实

从正面和中心位置突出您的目标后，为应聘者提供令人信服的证据，证明您的公司如何履行其使命。和客户一样，新员工对公司宣称的目标驱动和可持续发展持怀疑态度，他们需要具体的证据。您必须预见到这种怀疑，准备好证据，并向他们展示他们将如何亲自参与到您所做的公益性工作中。要用具体数据展示公司的举措如何对他人的生活产生好的影响，当然您也希望以更个人化的方式接触新员工。

您可能希望将潜在的新员工与他们将加入的同一团队中的现有员工联系起来。这可能感觉像是标准做法，但关键是要确保当前团队成员专注于目标和团队产生的真正影响。请团队成员与潜在的新员工分享他们与组织目标的联系，以及他们为您工作的意义。更好的做法是，也让潜在新员工与不同部门的人员联系，且这些人员的岗位与潜在新员工无关。

正如书中所讨论的，公司的宗旨和使命必须为整个组织的每个人所拥有和接受。如果您的公司成功实现了这一目标，任何级别的任何人都应该能够与潜在新员工谈论渗透在企业文化中的使命和价值观，这表明您在对待目标方面是认真的。让现有员工当面谈论为目标明确的公司工作对他们意味着什么，这表明您公司的真实性是确实的和可见的。

在面试过程中，要询问潜在新员工他们的人生目标是什么，他们想做出什么贡献，他们在工作中实现最深层价值观的时刻以及他们最关心的问题。如果您正在面试即将在您团队中工作的人，请分享您的个人目标。在面试中关注这些问题和介绍您的价值观传达了这样一个信息——目标对您的组织很重要，这也增加了雇用有工作目标的人的可能性。不要羞于询问目标，它是你团队工作的核心。

表明您关心员工的价值观

目标驱动型组织的价值观是其文化的基础，但如果公司的基本价值观尚未被实现，那么可持续性和社会责任等概念在公司内就不可能蓬勃发展。有必要向应聘者表明，除了客户和您的核心目标之外，您真正关心员工的福祉。当您以尊重和感激的态度对待您的员工时，您就证明了公司是认真地在帮助员工成长和成功。这种类型的环境培养了一支感觉得到支持的员工队伍，因而他们能够专注于手头的任务。应聘者明白，如果您正确对待员工，您很可能也能正确对待你的客户和社会。

Zapier 是一家硅谷的初创公司，它提供了一个平台，用于连接应用程序与自动化任务。最近，该公司为愿意离开硅谷的员工提供了 1

万美元的"搬迁套餐"。原因是什么？支持员工通过搬到住房成本较低的地区来提高员工的家庭生活水平。其首席执行官韦德·福斯特（Wade Foster）告诉《卫报》（*The Guardian*）："很多人都很难将硅谷所在的湾区打造成一个长期的家。"提供灵活的工作选择是表明您关心员工的另一种方式。Zapier采用在家工作模式，以丰富员工的个人生活和家庭生活。所有员工都远程工作，因为正如福斯特所说，"我们已经看到技术发展到人们可以在世界任何地方合法工作的地步"。

想想您的公司如何帮助您的员工改善生活，并准备好与潜在员工讨论这些问题。近年来，由于技术或人口统计数据的变化，贵公司实施了哪些举措，以显示您如何支持您的团队。无论您是提供灵活的工作时间、远程工作的机会，还是搬迁补偿，您都要考虑您能突出哪些行动来与应聘者分享，然后把他们引向公司的使命。

让您的职业网页成为目标展示网站

每个组织都应该有一个互动的职业网页，并将其作为目标驱动型文化的证明。职业网页应高度吸引人，易于浏览，同时应有效地为求职者提供对组织及其代表的真实感受。问问自己：我公司的招聘网页是否吸引了潜在人才？它是否显示了有意义、有目标的工作？它是否提供了清晰和令人信服的关于我们的价值观和立场的陈述？它是否显示了学习、成长、贡献和让世界变得更美好的机会？它是否提供了一个幕后观察视角，让我们了解在这里工作的感觉？您有没有用员工的声音，让求职者听到像他们一样的人的声音，让他们知道您的公司有多伟大？如果您不能回答其中的大部分问题，那么是时候考虑更新网页了。

以目标为中心

爱彼迎获得了 2016 年 Glassdoor[①] 最佳工作场所奖，这是 Glassdoor 年度员工选择奖的一部分。爱彼迎的网页是我们见过的最好的职业网页之一。当您访问爱彼迎网站的职业网页时，公司宗旨"创造一个激发人际关系的世界"占据了页面的首要位置。请注意，这里没有提及酒店选择、短期住宿或度假租赁。相反，他们强调了团队与公司发起运动的目标之间的联系："没有哪个全球性运动是由个人发起的，这需要整个团队团结在一起。"

该网页的内容指向关心他人，着眼长远，参与社区和文化，以及展示成长的能力。它通过展示爱彼迎员工的能力和所作所为，吸引那些目标驱动型员工。公司通过一个简单的信条总结了这些想法：创造、学习、玩耍。

网页上的照片和视频显示，员工们在一个开放、温暖、非传统的组织环境中，里面有沙发、五颜六色的装饰和各种各样的工作空间。其中包括一段 YouTube 视频，内容是员工谈论他们为什么喜欢为爱彼迎工作。他们提到了诸如社区意识、宾至如归的感觉和归属感等方面，并且知道他们的团队所做的工作确实影响了他们客人的生活，实现了公司的使命和宗旨。其他视频展示了同事之间的互动，以及实习生和员工的推荐信，描述了他们在爱彼迎做出贡献、成长和体验家庭感的机会。

爱彼迎还为潜在的新员工提供了一个有意义工作的幕后观察视角。另一个网页视频展示了爱彼迎 iPhone 应用程序的开发，并展示了参与该项目的工程师的情况。员工讲述并引导观众经历应用程序的开发过

---

① Glassdoor 是美国最大的求职网站。——译者注

程。它展示了聪明、高度投入的人们为一项有意义的事业共同努力。该视频让求职者从内部了解爱彼迎的开放空间形式、团队合作、创意流程以及工程师为客户开发突破性技术所激发出的员工热情。

练习：改造职业网页

如果您在招聘顶尖人才方面遇到了困难，那么也许是时候看看如何对您的职业网页进行改造，以吸引更多的流量并吸引未来的员工。将其与爱彼迎网页进行比较，并注意异同。您还可以查看戴尔的相关网页，它采用了类似的方法。戴尔的全球人才品牌和工具团队革新了其员工网页，以提供清晰一致的品牌信息和互动功能。除了员工简介，该网页还包括视频、图片和链接，从而为毕业生和本科生提供了接触广泛求职者的机会。戴尔还将视频发布到 YouTube 和其他网站，以触及潜在的求职者。

浏览完这两个网页后，考虑一下贵公司的网页是否得当。如果您觉得您可能遗漏了什么，召集一个会议来讨论，并集思广益地提出改进想法。以下是一些要点：

- 贵公司正面和中心位置的目标声明；
- 现任或前任员工关于其工作经历的证明或博客文章；
- 采访团队成员讨论如何解读公司目标并通过工作将目标付诸实践的视频；
- 强调公司价值观和目标的职位描述，尤其是那些与目标而非利润相关的职位描述；
- 任何类型的互动功能都可以吸引求职者的注意力，并激励他们全面浏览网页。

让员工成为目标大使

无论是展示您的目标，证明您的使命是真实的，提供您如何关心员工的证据，还是设计一个吸引人的网页，您的目标都是激发顶尖人才的兴趣。我们发现，实现这一目标最有效的方法之一是得到员工的支持。就像员工是您最好的客户品牌大使一样，他们也是您最优秀的人才品牌大使。

但您的人才品牌是什么？哪些故事、经历和形象与为贵公司工作有关？求职者如何看待公司在世界上的影响力？员工如何发现为您工作的意义和目的？贵公司最可信的大使是那些已经在那里工作的人。在顶尖人才阅读了贵公司的相关信息，查看了贵公司的网页，了解了贵公司的情况后，他们会通过社交媒体及其社交网络了解为您工作意味着什么。事实上，他们甚至可能从那里开始了解您的公司。

拍摄坦诚的视频，比如贵公司职业网页上的内容——当前团队成员谈论公司的目标对他们意味着什么，以及他们如何在工作中为这个目标做出贡献。将这些视频发布在 YouTube、Facebook 和其他社交媒体上，尤其是与招聘帖子一起发布，以增加贵公司的影响力。《2017德勤全球人力资本趋势报告》指出，根据 PeopleScout（美国知名上市人力资源服务商 TrueBlue 旗下的招聘流程外包子公司）的数据，"Facebook 上发布的以视频为特色的招聘公告收到的申请数量增加了 36%"。

Expedia UK 在 2017 年获得 Glassdoor 最佳工作场所奖。该公司在社交媒体上发布了几段员工视频，描述了公司的宗旨、文化和价值观对他们很重要。一名员工说："旅行作为一种向善的力量激励着

Expedia 的员工。我们有一种伟大的文化，但一切都是从目标开始的。我们相信旅行有助于缩小世界、丰富人们的体验……但旅行也会对社会产生影响。正如马克·吐温曾经写的那样，'旅行对偏见、固执和狭隘思想是致命的。'如果我们也能为此做出贡献，那我们就非常自豪。"

要鼓励员工通过社交媒体"分享美好"，并让他们更容易做到这一点。从在工作中体验目标的员工那里获得的故事是吸引新人才的神奇磁铁。要为您的员工提供他们参与的项目活动的链接、图片和信息。这些材料可能是关于社区外联活动或志愿者计划的，或与公司产品和服务如何帮助他人有更直接的联系。还要向员工提供您所做的好事的例子，让他们乐于与网络中的人分享，并鼓励员工在 YouTube 或其他社交媒体上发布此类信息。

当然，员工作为人才品牌大使，其努力并非全部都要放在线上，也不应该如此。您应该帮助员工扩大他们的人际网络，以影响更多的潜在求职者。LinkedIn 联合创始人、前执行主席里德·霍夫曼（Reid Hoffman）鼓励企业通过"资助组织外员工网络建设"把影响扩展到公司边界之外。

作为您最好的大使，员工可以通过强大的员工网络扩大您的影响力，因此鼓励员工参加会议、发表论文、参与委员会和董事会，并在更广阔的领域拥有强大的影响力，是有意义的。他们出席会议时，能表明他们支持您的公司所做的努力。此外，其他组织的员工也会注意到他们的行动。员工参与得越多，他们对公司以及公司使命和目标的认识就越深刻。

支持和维护员工网络的另一种方式是建立离职员工小组，从而与过去的员工保持联系。可赞助举办团圆活动，将员工重新聚在一起，并使他们保持对公司的家族感和历史感。要与您的人才建立终身关系，因为您永远不知道他们将在哪里停下脚步，他们将与谁联系并影响谁。特别是如果现有员工和前雇员都在赞扬您的公司，并传播您认真对待目标的信息，那么您的员工网络会是一种有力的招聘工具。

作为人才品牌大使，您的员工对公司未来发挥着关键作用。通过相互支持，组织和个人的长期目标都可以实现甚至被超越。支持员工能帮助您吸引最优秀、最聪明的人才，从而双方形成一种合作关系，这会使所有相关人员受益。您当前的员工也会认同潜在员工希望从工作中得到的东西。我相信您现在已经猜到了这是什么：不仅仅是经济奖励，还是激情、有意义的工作、成长的机会和为更大的利益做出贡献的机会。

◎ 练习：您的工作公告是否符合目标？

查看公司网站上发布的当前的空缺职位，或者您将要为组织发布的任何职位。选择一则特别有趣的招聘信息，花点时间仔细分析。

- 这则招聘信息最有效的部分是什么？
- 它是否清楚地说明了这份工作增加了什么价值，以及这份工作有什么意义？
- 该职位是否通过工作职责之外的内容吸引您所追求的顶尖人才类型？如果是这样，突出那些看似最有说服力的部分，并考虑它们如何与贵公司的使命、价值和目标相联系。
- 它们是通用的还是针对您的品牌的？如果您是一个潜在的求职者，您会如何回应？

如果您发现您网站上的说明停留在最基本的职责描述上，请用书面形式描述您的工作经历，以及它如何与公司的总体目标相联系。

- 想一想您每天所做的事情以及组织集体所做的事情背后的重要性是如何被凸显出来的。
- 考虑工作目标而不是工作职能。这不仅有助于您重新考虑目前如何与潜在员工接洽，还能提醒您当初是什么让您来到公司的。回忆您的个人目标，看看您的公司如何达到您的期望，这会产生很好的效果。您的员工也会经常这样做。

3M 的人才磁铁

要想了解目标如何成为人才磁铁，请仔细看看 3M 公司。该公司在全球拥有 90 000 多名团队成员。该公司从 1902 年在明尼苏达州成立的一家小型采矿企业成长为世界上最多元化的科学制造公司之一，其全称是明尼苏达矿业及制造公司（Minnesota Mining and Manufacturing Company）。它总是以美国中西部人特有的谦逊为特征，您不会看到 3M 大肆吹嘘，但它的使命感是显而易见的，因为该公司正在应对一些世界上最大的挑战。有一件事它不会羞于谈论，那就是如何努力创造一个可持续发展的现在和未来，这也已经成为它的口号。

关爱环境是 3M 的一种生活方式，可追溯到 1975 年，当时 3M 推出了污染防治（3P）计划。虽然这个想法已经存在了一段时间，但该公司此时才将其作为企业的核心。3P 计划寻求通过重新设计产品配方、改进工艺、重新设计设备、回收和再利用废料，从源头上消除污染。在随后的几年里，3M 阻止了数十亿磅的污染物进入生态系统，为公司和为其服务的企业节省了数十亿美元。

3M 有一个鼓舞人心、清晰明确的目标：3M 技术推动每家公司，

3M产品提升每个家庭，3M创新改善每个生活。我们认为，这是公司目标几乎完美契合其核心业务并在社会公益时代蓬勃发展的公司的最好例子之一。这一目标在帮助企业、家庭和个人完成工作的数千种产品中得到了推进，同时该公司越来越注重环境可持续性，将之作为其目标的一个关键部分。

2012年，英格·图林担任首席执行官时，他给40多位现任和前任首席执行官打电话，询问他们会采取什么不同的做法，以及他们会给他什么建议。他的收获是从一开始就要有一个清晰的愿景。实际上，他在担任首席运营官时就开始着手实现这一愿景，并在上任的第二天介绍了这一愿景。可持续发展是这一愿景的关键部分。

图林在瑞典长大，他的自然保护意识很强，在那里，户外活动是国家名片的一部分。可持续发展似乎是一个天然的焦点，因为这是一个3M客户正在努力解决的问题，也是该公司可以在内部解决的一个问题，同时也可以帮助每家企业与每个家庭和个人找到解决方案。"许多人认为可持续发展的挑战是一种威胁，但对我们来说，这是一个机会。"

图林明确表达了高级领导者在推动目标方面的作用，以及将可持续性融入我们作为领导者所做的一切中的重要性："每次我做演讲时，我都会尝试谈论可持续发展，尝试将其作为我向人们提出的第一个问题。我们要求每个部门围绕可持续发展制定明确的目标，我会尽一切努力来强化目标。"他承认，该公司还有很长的路要走，但对他们迄今所取得的进展感到自豪。3M在减少能源使用和浪费方面取得了巨大进步，同时设定了雄心勃勃的目标，以帮助其客户减少2.5亿吨温室气体排放。

令人兴奋的是，人们特别是年轻人正注意到，3M 需要实现其改善每个人生活的宏伟目标。在 2017 年的年报中，该公司指出，在美国国立高中学者研究所（National Institute of High School Scholars）的一项调查中，3M 被评为"千禧一代"的最佳工作场所。这个结果毫不令人奇怪，在目标变革中，最优秀的人才需要的不仅仅是薪水，他们更需要改善每个人的生活、帮助解决一些世界上最重大的问题——这些听起来是早起的好理由。

招聘目标驱动型人才的最佳实践

- 在您公司的职位说明和网站的招聘页面上，向应聘者展示您令人信服的使命和目标，以激励他们为您工作。不要把职位说明的重点放在他们将做什么上，而是要放在他们将如何找到意义并帮助您改变世界上。

- 在应聘者申请和面试过程中，突出公司的价值观和目标，让应聘者发现它们处在最前面和最中心的位置，并让他们立即了解他们在组织中所扮演的角色。

- 在制定职位说明时，描述公司的故事、对您来说什么是重要的，以及公司的宗旨如何与员工自身的价值观和目标相联系。

- 在面试过程中，无论是书面的还是口头的，都要问应聘者一些问题，这些问题表明什么对公司的目标最重要。

- 将应聘者与潜在团队以及其他部门的现有员工联系起来，展示公司的目标如何渗透到整个公司文化中，而不仅仅局限于某个部门或团队。

- 解释任何灵活的工作替代方案，以便应聘者了解贵公司如何通过丰富员工的生活和提升他们的生活水平来支持他们。帮助他们理解这是如何间接或直接地与公司的目标联系在一起的。

- 在公司的职业网页和社交媒体上展示员工、实习生和客户的推荐信，描述他们的经历以及公司的工作如何对他们个人和世界产生影响。
- 在社交媒体上发布当前团队成员的坦诚视频，讨论公司的目标对他们意味着什么，以及他们如何在工作中为目标做出贡献。
- 鼓励员工在社交媒体上分享公司所做的好事，并通过向他们提供与他们参与的活动或工作成果相关的内容，让他们更轻松。
- 建立离职员工小组，与过去的员工保持联系，使他们成为您的人才品牌大使。

| 第十章 |

关于在社会公益时代中如何繁荣发展的八个实践案例

在本书中，我们讨论了目标变革，以及那些在变革中获胜的人为实现高敬业度和竞争优势所做的工作。我们已经就如何在这个社会公益时代茁壮成长、从哪里开始以及如何长期保持成功提供了规范的步骤和建议，但如果没有真诚的努力、坚持，以及最重要的纪律，您将无法获得回报。我们将纪律定义为形成一条阻力最小的变革之路的无法改变的实践。

例如，许多减肥计划都是从打扫房间开始的，清除家里所有的垃圾食品，只储存好的东西。这样，当您吃夜宵时，您所能做的就是做健康的选择。通过吃健康的零食，而不是坐在车里、开车去快餐店，您会表现出一种纪律感。当您每天同一时间去健身房或游泳池时，即使您很累，您也会表现出纪律性。您会成功的，即使您没有心情，您也已经完成了这个练习。

在本章中，我们希望为您提供每天推动目标文化的实用方法。就像其他一切值得奋斗的东西——事业、人际关系、幸福、爱情，这个目标需要纪律和对比个人利益更伟大的东西的不懈追求。它需要纪律性来保证经常进行的关键实践的完成。这些行动有大有小，但它们都有助于实现目标驱动型公司的使命，涉及员工、客户、社区和投资者——所有我们直接或间接影响的利益相关者。

丽思卡尔顿酒店给我们上了重要的一课，告诉我们简单纪律的力量以及推动目标文化的持续努力。丽思卡尔顿领导力中心（Ritz-Carlton Leadership Center）的网站引用了丽思卡尔顿领导力中心前副总裁戴安娜·奥雷克（Diana Oreck）的话："你的文化必须每天都充满活力，仅仅在你公司的损益表恶化时才谈论你的组织文化是不够的。"为了使目标有活力，丽思卡尔顿酒店做的一件事是每天都把它的目标放在首要位置。例如，该公司为每名员工提供一张信条卡片，使信条和员工承诺总是触手可及。在每家丽思卡尔顿酒店，酒店的座右铭、信条和员工承诺都会被公开发布。这些提醒使对他们最重要的内容高度可见，关注什么是有价值的，指导与客人的互动，并提供明确的决策建议：无论发生什么，力求站在目标这边。

每个人都清楚自己的目标："女士们，先生们，丽思卡尔顿酒店的员工明白，他们的最高使命是'真诚关心和照顾我们的客人'。"正如丽思卡尔顿领导力中心网站上所指出的："他们可能是行李员、服务员或管家，但他们的目标是提供传奇式的服务。有一个共同的目标可以团结你的团队并加强你的文化。"

实践1：每一位领导者都是目标推动者

推动目标文化的关键杠杆是树立领导榜样。作为一位领导者，您必须定期分享您个人更高的目标。谈谈作为领导者您的生活，您所做的选择，以及您的立场。在全体员工会议期间，让高级团队成员或企业主讨论他们个人对目标的感想，以及这使他们在公司的角色如何发挥作用。请他们描述组织的更高目标，他们如何在考虑目标的情况下做出决策，以及他们如何看待公司让世界变得更美好。树立领导榜样体现了真正的承诺，并使探索和谈论目标成为组织文化的标准部分。它还鼓励其他人更深入地思考自己的目标和贡献。

将团队的日常职责与组织的使命、宗旨联系起来。您可以通过经常提及员工的工作如何产生影响来激励员工。法国一家全球制药公司的一名高管向我们解释说："有时，我们在开发阶段的日常工作与商业产品脱节，以至于我们很容易忽视我们的贡献有多么重要。我强调要将我们团队的工作与大局联系起来——我们如何为新的治疗发现做出贡献，以及它对使用它的患者生活的影响。"

加拿大航空公司机场部门负责人马克·萨瑟恩（Mark Southern）喜欢提醒他的领导和团队成员机场上有很多人在为糟糕的体验流泪："我想提醒他们，对于乘坐我们航班的人来说，这可能是一种情感体验，我的工作是向团队展示他们可以有所作为，将眼泪转化为积极的体验。"萨瑟恩经常以一种提醒团队成员的方式谈论自己的个人目标，提醒他们如何"以一流的服务和关怀服务他人"（加拿大航空公司的口号），而不是仅仅将其视为商业战略。

实践2：每个决定都是基于目标的决定

记住，每个决定都是基于目标的决定。您必须坚持您的信仰，决不能把它排除在决策公式之外。联合利华的这一做法得到了回报。2014年，首席执行官保罗·波尔曼在《麦肯锡季刊》（*Mckinsey Quarterly*）的一篇文章中写道："着眼于更长远的未来解除了我们组织的巨大束缚。我深信这是我们在过去五年中所取得的巨大成功的一部分。我们正在做出更好的决定……我们已经开始与我们的投资者进行更成熟的对话，讨论什么样的战略行动符合联合利华的长期最佳利益，而不是解释短期业绩变动。"

在推动变革举措时，要基于价值观而不仅仅是业务需求来进行。要帮助其他人看到战略背后的深层目标，找到共同点。这样做可以激发参与度，因为每个人的追求都是更大目标或承诺的一部分。例如，TELUS首席执行官达伦·恩特威斯尔告诉我们："我们的品牌承诺是未来是友好的。"在该公司工作期间，他始终把这个品牌承诺放在最前面："因此，我对人们的反驳是：'你到底在做什么？'你真的回答了这个问题吗？我们当前的驱动力是我们如何提出和回答这个问题。"

将目标放在决策公式的中心经常会使人们问道：我们和我如何为公司希望实现的共同利益做出贡献？无论公司或团队规模如何，当我们作为领导者将每一个变化与我们的存在理由联系起来时，就会有魔力发生。

您需要将使命和目标联系起来以提出激励目标。在我们与七世代首席执行官乔伊·伯格斯坦的谈话中，他告诉我们："我们激励体系中的一个重要因素是每个级别的人都能获得年度奖金，而这一激励的一部分是基于实现我们的企业意识目标，因此激励的重点也包括了聚焦使命。"

您关注的东西在增长。将任务目标作为激励计划的一部分，不仅关注最重要的事情，而且激励人们投入时间、精力和资源来实现这些目标。团队在寻找实现使命的方法时，也会激发创新和新的想法。伯格斯坦强调要矫正财务激励目标，这与道琼斯可持续发展指数制定者的观点相呼应。他们说，衡量一家公司是否重视可持续发展的最佳指标之一是，首席执行官和董事会成员是否在这方面取得了成功，并将其作为他们经济报酬的一部分。

在做出重大决定时，始终问问自己：作为一位领导者，这是一个与目标一致的时刻吗？在讨论我们实现理想目标的谈话中，我会自豪地谈论这一决定吗？我们经常想起1980年代圣迭戈市行政长官约翰·洛克伍德（John Lockwood）。洛克伍德有一个简单的问题，他会问领导人他们正在做的决定："如果在《60分钟》（60 Minutes，当时收视率最高的调查性电视节目）上解释这一点，你会有什么感受？"他接着说："如果你哪怕有一点点不安，就我们的价值观而言，你可能就做出了错误的决定。"

在某种程度上，作为领导者，我们每个人，无论我们的级别如何，都必须问自己一个简单的问题：我现在所做的决定是否符合我们的更高目标？

实践3：每一条信息都含有目标

目标驱动型领导者的关键原则之一是确保每一条信息都与目标相关联。要平衡公司的利润报表和使命报表。典型组织的习惯是仅对运营目标进行考核、描绘和报告。但我们中的许多人错过了为更高的目标做同样事情的机会。我们应该定期报告我们的业务如何为客户和社会带来影响。找出能给客户带来实际影响的指标和故事。您的公司或团队参与了哪些社会和环境计划？您是在努力减少环境破坏，建立更符合可持续发展原则的供应链，还是在社区中开展工作？与关注业务成功的故事一样，经常传达这些故事，为团队呈现组织在商业和社会中提供价值的整体画面。

向整个组织传达您的使命。一家大型制药公司通过在其办公室张贴真实患者的照片来实现这一目标，这些患者被该公司的药物拯救或病况因之而改善。在其主厂区的大楼大厅里，人们不断地被提醒组织所做的出色工作，以及它如何以有意义的方式为他人的福祉做出贡献。您会情不自禁地感到自己是比自己更伟大的美好事物的一部分。

也可以通过视频传达行动中的使命信息。对于我们的一位医疗保健客户，我们记录了客户在医院接受护理的故事，展示了我们在公司各部门执行任务的实例。这些视频随后被用作入职培训的一部分，以帮助新员工与公司提供以患者为中心的护理这一更高目标建立联系。这些视频还被用于向员工说明他们的行为如何对患者的生活产生真正的影响，并使所有员工以实践医院更深层使命和宗旨的方式思考、感受和行动。

您可以做一些简单的事情来把您的任务牢记在心。例如，我们在德国一家医院工作的时候，每当婴儿出生医院都会播放摇篮曲。一些西夫韦（Safeway）超市在员工每次募捐时都会通过扩音器发布公告。关键是保持信息的一致性，并定期、清晰地进行沟通，即使它们有时看起来是例行的或多余的。

实践4：每次会议都有目标

在社会公益时代获胜的第四个实践是将使命和目标作为每次会议的议程之一，无论会议的规模大小或与会者是谁。利用这段时间提供与您的目标相关的工作、活动、机会和成功的最新信息。您的团队最近做了什么？员工可以在组织内外利用哪些即将到来的机会？组织中的哪些举措正在取得进展？领导者可以亲自负责这个议程，也可以让团队成员轮换负责。

在每次会议上花时间让别人讲述您的行动目标。在我们合作过的一家医疗机构，员工们会定期分享他们如何成功完成使命的故事，即使是以很不起眼的方式。例如，有人提到他们观察到各单位之间的合作给他们留下了深刻的印象。另一名员工谈到，自己看到一名护理人员花额外的时间陪伴一名为即将到来的手术而害怕的患者。一名初级护士告诉团队，一名高级医生在抢救一名病人失败后回到病房，感谢这位护士的出色工作，赞扬她在最困难的时候与他并肩工作所付出的努力。

利用会议时间表扬或奖励为公司更高目标做出贡献的人员。正如您感谢人们对项目和运营成功所做的贡献一样，也要感谢他们为使命和目标服务。您的团队中有人自愿参加社区项目吗？如果是这样的话，请承认他们的努力，并谈论团队如何不仅在工作中而且在社区中做出色的工作。在所有会议上给人们时间来分享他们的经验：他们做了什么，他们如何发挥作用以及他们的行为如何符合组织的使命。鼓励团队进行展示，或简要介绍他们的出色工作及其对他们个人的影响。

在每次会议中树立您的价值观。例如，雪佛龙（Chevron）高度重视公司各层级的安全问题。公司推动这种文化的一种有效方式是，每次会议开始时都设置一个"安全时刻"——一个简短的 2～5 分钟的演示，提醒员工工作中的安全预防措施以及如何避免潜在的有害事件。没有例外，组织内的每一次大小会议都会设置一个安全时刻。

实践 5：帮助每名员工看到影响

帮助每名团队成员将他们的工作与更大的事情联系起来，看看他们的贡献如何对组织的使命和目标产生影响。在与直接下属的一对一会谈中，花时间讨论他们如何将个人目标与组织中的工作联系起来。寻找项目、角色、志愿服务机会或跨职能计划，以激发员工的目标感和意义感。与其他工作技能、能力和经验一样，将此作为学习和发展讨论的一部分。作为员工职业生涯的一部分，为员工提供学习、成长和为其他个人目标做出贡献的机会。

展示团队或组织对社会或环境所做出努力的积极成果。例如，您的组织在服务社区中是否活跃？设定任务目标和里程碑，比如志愿服务 500 000 个小时或清理 100 个当地公园，然后与团队或其他部门一起庆祝成就。帮助员工感受到您的使命和价值观在行动中的积极影响。将您的使命、成功做社会化宣传，并庆祝这些里程碑事件。表彰对外提供帮助的员工和团队，然后将与这些活动相关的视频和内容提供给员工，并让他们在社交网络上分享。

实践 6：每个团队都有一个目标

为组织中的每个团队制定一个引人注目的、崇高的团队目标。每年都要花时间来实现这一目标,并将其与公司的总体使命联系起来。向您的团队提出诚实、尖锐的问题,让他们思考目标:我们为什么存在?我们为组织和客户增加了什么价值?我们的团队对社会福利的贡献是什么?

定期讨论您的团队目标,并像处理其他运营工作一样围绕目标设定里程碑。让每名团队成员制定一份个人目标声明,将意义与他们执行的工作联系起来。每季度或每隔半年,团队成员应分享赋予他们意义的东西,以及他们的工作如何将他们与团队和组织的使命和目标联系起来。对员工的个人价值观和目标持开放态度,让他们负责他们关心的事业或使命。让这些团队成员将时间用于推进组织使命和目标的项目上。

每年都要检查公司的社会、环境和社区计划,并把您的团队与其中一个或多个计划联系起来。然后将这一做法扩展到部门层面:在跨部门会议上与高层领导分享结果。展示您的部门和团队如何通过开展有意义的工作以及为组织的使命做出贡献来推动目标的实现。

◎ 练习:每个团队都有一个目标

留出时间与您的团队就其目标进行公开讨论。可以将这作为一项独立活动或团队建设活动的一部分来完成。

- 定义团队目标:
- 我们为什么存在?
- 我们如何在社区、社会或地球上有所作为?
- 我们如何为客户增加价值?
- 我们如何为组织的使命和愿景做出贡献?

- 设定目标并衡量您的目标：
- 与其他运营工作一样，围绕团队目标设定里程碑。
- 将制定贡献目标变成一项规矩。例如，承诺每年做100小时的社区服务工作。三名团队成员每年都参加关于社会或环境影响的行业会议或研讨会，并向团队报告。
- 承诺让一名或多名团队成员参与企业级任务或专项计划，如加入企业社会责任委员会或工作组。
- 回顾您的记分卡。为了更好地配合和支持公司的企业社会责任战略和目标，您可以添加或调整哪些指标或活动？
- 每年审查一次公司的社会和环境计划，并寻找团队参与的新方式。
- 让员工有时间参加会议，分享他们的志愿工作。
- 庆祝目标的实现！常态化赞助团队的庆祝活动，以表彰达成的目标或取得的新成就。

实践7：把目标当作大事来对待

在社会公益时代获胜的第七个实践是确保您把目标当作大事来对待。几年前，我们与一家中型企业的高级团队合作，他们试图通过灌输更深刻的使命感，大幅提高企业的敬业度。在我们每个月的咨询访问中，团队都充满热情，并设定了雄心勃勃的目标。

项目实施五个月后，首席执行官打电话给约翰说："我认为我们需要终止合同。五个月来，我们每个月都与你会面，但没有什么大的变化。人们似乎不再投入，我们的同事也没有更大的热情。"

也许是出于职业本能，约翰回答说："您知道，每次我们见面时，您和您的执行团队似乎都对这一努力非常兴奋，但我注意到，您所做出的许多承诺都没有兑现。这让我想知道在我们不在的一个月的其他29天里，您谈论了多少关于激活目标的事情？"

他沉默了很长一段时间，接着回应了几声"嗯"和"好吧"。最后，首席执行官承认："你们不在的时候，我们就不会为目标而开会了。"约翰接着询问他的团队多久讨论一次销售、财务和运营问题。他的回答是："几乎每天都讨论。"此时，首席执行官已经改变了认知。"我明白了。如果我们不像做其他事情一样，以同样的有意识的纪律来追求目标，我们就不能真正期待改变。"

他没有和我们解除合约，而是在自己的努力下点燃了一把火。他们开始每天开15分钟的会议，简单地问："我们今天和本周能做些什么来推动目标？"他们每天都碰面，并将简单的实践固定到他们的日程安排中。想法开始在团队中流动，员工的敬业度大幅提升，公司利润也大幅提升。

所以，问问自己：如果我真的相信一场变革正在进行，我会这样做吗？回想一下我们关于质量革命的例子。一些公司成立了一些特别工作组，对人员进行质量管理技术培训，并为质量设定了新的目标。但这种文化仍然是传统的，质量仍然是由质量部门监督，而且人们往往更注重告诉客户我们的产品很好，而不是努力使它们更好。

目标变革需要承诺，而这需要纪律。一些公司和领导者有朝一日会因在社会公益时代获胜而闻名。问题是您是否会成为他们中的一员。

实践 8：表现得像您可以改变世界一样

在本书中，我们关注的是成为一个以目标为中心的组织和领导一种目标文化的商业必要性。我们确信，通过这样做，您将吸引最优秀的人才，在赢得和留住客户方面获得更大优势，并日益吸引蜂拥支持您的投资者。但这场变革远不止这些。第八种实践是您和您的企业要表现得像可以改变世界一样。

商业组织在应对人类社会所面临的挑战方面发挥着独特的作用，无论是社会公平、环境可持续发展，还是生活意义和社区协助精神的普遍丧失。通常，我们工作的组织占据了我们大部分的时间和精力，而大多数大公司在许多国家和地区开展业务。如果我们向我们的团队和公司灌输目标，从而专注于在现在和未来创造一个更美好的世界，我们就能战胜这个时代的一些最大挑战。

例如，思考一下您和您的企业在生态可持续发展等问题上可能产生的影响。当沃尔玛开始推动其供应链更加可持续时，这一行动在全球产生了积极的反响。这家公司对建设可持续发展的未来有着巨大的影响。雷·安德森和英特飞地毯公司的团队不仅几乎没有影响环境，而且已经建立了目前在整个行业被广泛应用的可持续发展实践。请记住，雷的个人旅程始于几位销售主管向首席执行官发起的挑战，要求他组建一个任务小组。您可以成为推动公司改变世界的人。

2017 年，当美国总统决定让美国退出关于气候的《巴黎协定》时，数十位首席执行官和主要企业发表声明说，他们打算继续为了可持续发展的未来和解决气候变化问题而领路。这场变革不仅仅是为了获得更多的业务或更高的敬业度；这与我们作为领导者的遗产有关。

第十章　关于在社会公益时代中如何繁荣发展的八个实践案例

这场变革是我们成为新未来的一部分的机会。在新的未来，目标渗透到工作中，商业是一股向善的力量，我们每个人都因感觉到我们正在做一些重要的事情而变得更快乐，也更紧密地联系在一起。这种情况不仅会发生在大公司，还会发生在全世界的各个办公室和车间里。你们在目标变革中可以发挥作用，我们希望你们听从号召，满怀激情地发挥作用。

TELUS首席执行官达伦·恩特威斯尔直言不讳地告诉我们："目标不是要扼杀竞争精神，而是要通过行善来增强竞争力。我希望能够告诉人们，我的公司拥有同类公司中最绿色的房地产平台。"这就是表现得像您可以改变世界的意义。让我们一起竞争，看看我们能做多少好事。在目标变革中，这是最重要的竞争力。

◎　练习：您在领导目标方面做得怎么样？

当您细想您在书中阅读和思考的每件事时，花点时间反思一下您自己的目标领导力。对于以下每一句话，给自己一个1～3的评分：1为错误，2为有时候正确，3为正确。

_____ 我经常和我的团队谈论我自己的目标和价值观。

_____ 我经常谈论我们的团队目标，以及我们的工作如何发挥作用。

_____ 我会在会议中留出时间，专注于讨论我们的影响力。

_____ 我在一对一的会谈中为目标留出空间；我花时间让团队成员讨论他们的工作如何发挥作用。

_____ 在激励员工时，我努力了解项目或工作如何与团队成员的价值观相联系。

_____ 我努力使工作、角色和任务分配符合每名团队成员的价值观和目标。

_____ 我努力帮助人们在工作中找到自己的使命；我花时间去了解他们的价值观和抱负，以及什么能给他们带来意义。

_____ 我帮助团队成员实现他们工作和任务上的更高目标。

_____ 我将团队的工作与公司的使命联系起来；我会谈论这项任务以及我们的团队是如何支持它的。

_____ 我将团队的工作与客户联系起来；我分享我们的工作如何为客户带来不同的故事和信息。

_____ 我将团队的工作与我们在社区中所做的好事联系起来；我谈论我们的团队如何为社会或环境做出贡献。

_____ 我认可人们与他们的目标或价值观相关的工作和贡献。

_____ 我和我的团队一起为这一年设定目标。

_____ 我和我的团队一起探索公司的社会和环境计划，并为我的团队找到新的参与方式。

_____ 我在会议上给员工时间让他们分享他们的志愿工作或其他与目标相关的工作。

_____ 我会庆祝目标的实现，例如赞助团队的庆典或活动，以表彰团队为改变现状所做的努力。

_____ 总分

16～24分：是时候开始了。查看上述问题，选择其中三项开始，以获得焦点和牵引力。

25～35分：您正在路上。要继续进步，请选择其中三项来深化或重新开始。

36～48 分：继续做好工作！看看您可以开始做些什么，并分享您所知道的。

在计算分数后，考虑以下问题：

- 哪方面我做得好或是始终如一？
- 我还能做些什么？
- 我可以开始做什么？
- 关于我现在如何领导目标，我的分数告诉了我什么？
- 我在哪方面可以发力以获得最大牵引力？

| 结　论 |

现在该做什么

如果您已经读到了本书的这一页，恭喜您！在准备在社会公益时代茁壮成长方面，您现在已远远领先于大多数领导者、经营者和企业家，我们希望您渴望开始。在本书的结尾部分，我们建议您现在做四件事来开始改变您的领导力和团队。

首先，如果您和许多读者一样，您可以在飞机上、度假时或在闲暇时阅读本书。您学习了内容，但可能没有花时间做练习。现在，您已经了解了原则和实践，请回顾每一章并完成练习，花时间整合所学内容。它们都旨在帮助您实践并采取行动。

其次，找一个可以分享整本书观点的人。没有什么比成为一个对旧体制有新见解的人更具挑战性和孤独感的了。研究表明，当人们与另一个试图在生活中做出类似改变（如减肥、改掉坏习惯等）的人联系在一起时，他们做出这种改变的可能性比单独行动时高出400%。所以，找一个盟友，现在就做。您的组织或圈子里还有谁需要知道您刚刚学到了什么？想一想，如果他们知道，谁会产生最大的影响，同样重要的是，谁会接受它。

一旦您确定了那个人或那群人，分享您所学到的东西的摘要，并专注于您认为可能在您的组织环境中产生影响的行动。组建您自己的非正式目标加速器团队。邀请团队中的每个人来阅读本书，然后开始问大家：我们如何在团队和组织中注入更多的目标？

再次，今天就做点什么来为您的组织注入更多的目标。不要担心别人在做什么或不在做什么。不要坐在那里想：如果只有首席执行官、我的老板或我的同事读了本书并认真对待，就会有好事发生。您是变革的代理人，您是您能控制的人。开始每天做一些事情，并更加专注于目标。

您所做的不需要太专业。它既可以是讲述一个关于目标和您的工作所带来改变的故事，也可以是在做决定时问一个关于实现您公司的目标或价值观意味着什么的问题，还可以是认可某个人做出了改变（并做出了重大贡献），或者只是更大胆地与您的团队和同事分享您自己的目标。每天结束时，问问自己：我今天做了什么来促成我的团队和组织的目标？

如果您的行动看起来很微小，不要担心，只要专注于确保您每天都做了一些事情。书中的每一章都列出了您可以采取的行动。选择五个您最喜欢的，制作您自己的列表，并将它保存在您的办公桌上或智能手机里。每天早上在开始一天的工作之前，每天下午在离开办公室之前，您都要看一下列表。

最后，开始跟踪自己的目标体验。记住，对于我们所关注的事情我们已经完成了，现在开始关注您自己的目标时刻。当您意识到您真的为客户或团队成员做出了改变，或者您为更好的社会或地球做出了贡献时，花一分钟注意一下您的感觉有多好。开始写一本日记，记录您自己的目标时刻。意识到目标将有助于目标的发展，这对您和您的团队都是如此。

请与我们分享您的想法！告诉我们什么有效，什么无效。请加入 purposerevolutionbook.com 上的论坛。我们希望建立一个领袖运动，人们将通过改变世界在商业上取得成功。谢谢您加入我们。

The Purpose Revolution: How Leaders Create Engagement and Competitive Advantage in an Age of Social Good by John B. Izzo and Jeff Vanderwielen

Copyright © 2018 John B. Izzo and Jeff Vanderwielen

Copyright licensed by Berrett-Koehler Publishers arranged with Andrew Nurnberg Associates International Limited

Simplified Chinese Translation copyright © 2023 by China Renmin University Press Co., Ltd.

All Rights Reserved.

图书在版编目（CIP）数据

目标变革 /（美）约翰·伊佐，（美）杰夫·范德瓦伦著；梁磊译. -- 北京：中国人民大学出版社，2023.12
ISBN 978-7-300-32390-9

Ⅰ. ①目… Ⅱ. ①约… ②杰… ③梁… Ⅲ. ①企业管理 Ⅳ. ① F272

中国国家版本馆 CIP 数据核字（2023）第 228298 号

目标变革

[美] 约翰·伊佐（John Izzo） 著
杰夫·范德瓦伦（Jeff Vanderwielen）

梁磊 译
Mubiao Biange

出版发行	中国人民大学出版社				
社　址	北京中关村大街 31 号		邮政编码	100080	
电　话	010-62511242（总编室）		010-62511770（质管部）		
	010-82501766（邮购部）		010-62514148（门市部）		
	010-62515195（发行公司）		010-62515275（盗版举报）		
网　址	http://www.crup.com.cn				
经　销	新华书店				
印　刷	涿州市星河印刷有限公司				
开　本	720 mm×1000 mm　1/16		版　次	2023 年 12 月第 1 版	
印　张	14.5 插页 2		印　次	2023 年 12 月第 1 次印刷	
字　数	159 000		定　价	69.00 元	

版权所有　侵权必究　印装差错　负责调换

The Purpose Revolution: How Leaders Create Engagement and Competitive Advantage in an Age of Social Good by John B. Izzo and Jeff Vanderwielen

Copyright © 2018 John B. Izzo and Jeff Vanderwielen

Copyright licensed by Berrett-Koehler Publishers arranged with Andrew Nurnberg Associates International Limited

Simplified Chinese Translation copyright © 2023 by China Renmin University Press Co., Ltd.

All Rights Reserved.

图书在版编目（CIP）数据

目标变革 /（美）约翰·伊佐，（美）杰夫·范德瓦
伦著；梁磊译. -- 北京：中国人民大学出版社，2023.12
ISBN 978-7-300-32390-9

Ⅰ.①目… Ⅱ.①约… ②杰… ③梁… Ⅲ.①企业管理 Ⅳ.① F272

中国国家版本馆 CIP 数据核字（2023）第 228298 号

目标变革

［美］约翰·伊佐（John Izzo）
　　　杰夫·范德瓦伦（Jeff Vanderwielen） 著

梁磊 译
Mubiao Biange

出版发行	中国人民大学出版社				
社　址	北京中关村大街 31 号		邮政编码	100080	
电　话	010-62511242（总编室）		010-62511770（质管部）		
	010-82501766（邮购部）		010-62514148（门市部）		
	010-62515195（发行公司）		010-62515275（盗版举报）		
网　址	http://www.crup.com.cn				
经　销	新华书店				
印　刷	涿州市星河印刷有限公司				
开　本	720 mm×1000 mm　1/16		版　次	2023 年 12 月第 1 版	
印　张	14.5 插页 2		印　次	2023 年 12 月第 1 次印刷	
字　数	159 000		定　价	69.00 元	

版权所有　侵权必究　　印装差错　负责调换